es 1745

edition suhrkamp

Neue Folge Band 745

Gender Studies
Vom Unterschied der Geschlechter

Lara Croft, die Heldin des Computerspiels »Tomb Raider«, ist in kurzer Zeit zu einem »Cultural icon« geworden. Sie ist Traum-Frau und weibliche Heldin, Pin-up-Girl und »Grrl« in einem. Damit bedient sie männliche ebenso wie weibliche Ermächtigungsphantasien. Doch statt die hierarchische Geschlechterordnung zu unterlaufen, befördert der Kult um Lara Croft einen Prozeß, der als »Medialisierung« der Körper beschrieben werden kann und der die dualistische Geschlechtermetaphysik auf einem höheren Level auferstehen läßt.

Welche Bedeutungsverschiebung durchläuft der Begriff des Geschlechtlichen im Zuge seiner Virtualisierung? Die Autorin nähert sich dieser Frage entlang einer Analyse der Entstehungs- und der Wirkungsgeschichte des Phänomens Lara Croft.

Astrid Deuber-Mankowsky, geboren 1957, lehrt Kulturwissenschaft in Berlin und ist Mitherausgeberin der Zeitschrift *Die Philosophin. Forum für feministische Theorie und Philosophie.*

Astrid Deuber-Mankowsky

Lara Croft – Modell, Medium, Cyberheldin

Das virtuelle Geschlecht und seine metaphysischen Tücken

Suhrkamp

edition suhrkamp 1745
Neue Folge Band 745
Erste Auflage 2001

Erstausgabe

Druck: Nomos Verlagsgesellschaft, Baden-Baden
Umschlag gestaltet nach einem Konzept von Willy Fleckhaus: Rolf Staudt
Printed in Germany

1 2 3 4 5 6 – 06 05 04 03 02 01

Für Roman und Laura

Inhalt

1. Das Phänomen Lara Croft

»Lara, Dein Name sagt tausend Worte.«
So beginnt einer der vielen im Internet veröffentlichten Lara-Croft-Fanbriefe. Von den tausend Worten habe er, fährt der Autor fort, fünfundneunzig gefunden. Er hat aus ihnen ein Liebesgedicht komponiert, dessen erste Zeilen bereits einen lebhaften Eindruck von dem Phänomen Lara Croft vermitteln:

»Köstliche, Liebliche, Liebende und Geliebte. Einsame manchmal.
Ein Grenzstein in der Geschichte der Computerspiele.
Du sprichst jedermanns Sprache, größter Schatz.
Du springst. Beugst Dich und schaust, nichts hinter Dir lassend als leere Gräber.
Tochter von Lord Henshingley Croft.
Abenteurerin, in jede Umgebung Dich einpassend und anatomisch perfekt.
Eine Siegerin, treffsicher (Du schießt nicht daneben) und von allen mit höchster Anerkennung bedacht ...«[1]

Lara Croft steht für tausend Namen, für ebenso viele Wünsche und Versprechen. Sie wurde und wird von ihren Fans geliebt wie ein Star; ja mehr noch, denn sie ermög-

1 »Letters to Lara«: http://www.laracroft.co.uk/letters/letter1.html, download 18. 10. 2000. Im Original handelt es sich um Stabreime, die alle mit L bzw. mit A beginnen: »Lara, your name says a thousand words ... (I found 95 of them!!!!) Luscious, Likable, Lovely, Loving and Loved. Lonely sometimes? A Landmark in computer game history. You speak everyone's Language, a top Lass. You Leap, Lean, and Look, Leaving nothing but empty Tombs. Doughter of Lord Henshingley Croft. Adventerous, Adaptable to any surroundings, and Anatomically perfect. An Achiever, Accurate (You never miss!) and heavily Acclaimed by all ...« (Alle Übersetzungen stammen, wo nicht anders angegeben, von der Verfasserin.)

licht im Spielerlebnis eine Intimität, wie sie ein nur in der Öffentlichkeit auftretender Musik-, Film- oder Fernsehstar nicht bieten kann. Sie ist Liebende und Geliebte.

Doch wie konnte aus einem »Pixelbrei«, um meinen 14jährigen Sohn zu zitieren, eine Liebende hervorgehen?[2] Ursprünglich war Lara Croft eine Computerspielfigur wie viele andere. Was die Heldin des Videogames »Tomb Raider« von den anderen unterschied, war ihr Geschlecht und eine bessere Grafik. Die erste Folge von »Tomb Raider« – auf deutsch »Grabräuber« – erschien 1996. Das Spiel war schnell eines der meistverkauften und Lara Croft weltberühmt. Sie war die erste virtuelle Gestalt, die den Schritt aus der Spielewelt in die universale Medienrealität schaffte. Schon wenige Monate nach der Lancierung des Computerspiels begegnete man ihr auf Plakatsäulen, im Fernsehen, auf den Titelseiten von Magazinen wie *Playboy*, *Spiegel* und *Stern*, in einschlägigen Game-Zeitschriften und in den Feuilletons diverser Tages- und Wochenzeitungen. Junge Frauen liehen der Kunstfrau ihren Körper, um sie als »offizielle Lara-Croft-Models« in der realen Welt zu vertreten. Sie gaben im Namen von Lara Croft Interviews und Autogramme und ließen sich im Lara-Kostüm fotografieren. Lara Croft ist auf Konzerten bekannter Rockgruppen aufgetreten und hat Modedesignern Modell gestanden. Sie diente als Werbefigur für Uhren, Autos, Softdrinks, für Zeitungen wie die *Welt* und Magazine wie *Brigitte*. Ebenso präsent wie in den herkömmlichen Medien war sie schon nach kurzer Zeit im Internet. Gibt man ihren Namen in eine der Suchmaschinen ein, erhält man als Antwort über 100 000 Web-

2 Ich möchte Roman an dieser Stelle für die Unterstützung in vielen Fragen und die Geduld danken, mit der er mich in die Spielewelt eingeführt hat. Mein Dank geht außerdem an Ursula Konnertz, Gabriele Dietze, Giaco Schiesser und Wolf-Dieter Besche für ihre Motivation und kritische Lektüre.

Adressen. Darunter die Adresse der »Croft Times«, einer digitalen Zeitung, in der seit 1997 regelmäßig und in verschiedenen Sprachen über den Lara-Kosmos berichtet wird. Diese medienübergreifende Präsenz brachte ihr schließlich das Prädikat eines »Cultural icon« der neuen Mediengesellschaft ein.

Zum Phänomen Lara Croft gehört neben der medienübergreifenden Präsenz die medienvermittelnde Potenz. Gerüchte über einen geplanten Hollywoodfilm kursierten bereits 1997. Im Winter 1998 wurde bekannt, daß Paramount Pictures die Fimrechte an »Tomb Raider« gekauft habe. Im Frühling 2000 ging schließlich die Nachricht durch Presse und Internet, daß die Oscar-Preisträgerin Angelina Jolie Lara Croft spielen wird, der Star also von einem Star verkörpert würde. Paramount plante, mit einem dreistelligen Millionen-Budget aus »Tomb Raider« eine Trilogie zu machen, die jener von »Star Trek« ähnlich sein sollte. Seitdem wurde die Entstehung des Films im Internet minutiös dokumentiert. Die ersten Bilder der Drehaufnahmen konnte man bereits im Herbst vom Netz laden.

Was hält diesen medialen Tanz in Gang? Welche Gesetzmäßigkeiten oder Zufälle, welche Kräfte haben zusammengespielt, um aus der mehr oder weniger hölzern agierenden Computerfigur mit rudimentärster Mimik eine Traumfrau und ein »Cultural icon« zu machen?

Meine Beschäftigung mit Lara Croft begann im Sommer 1999 anläßlich eines Seminars zum Thema »Weiblichkeit, Repräsentation und Geschlecht« am Kulturwissenschaftlichen Institut der Humboldt-Universität Berlin. Lara Croft bildete einen der Gegenstände, an denen wir die verschiedenen Theorien zu Repräsentation und Repräsentationskritik diskutierten. »Tomb Raider III« schlug in jener Zeit weltweit die Verkaufsrekorde auf dem

Computerspielmarkt. Das deutschsprachige Lara-Croft-Magazin war eben erschienen und zeigte die Figur u. a. in einem Bikini, den Gucci für sie entworfen hatte.[3] Ein halbes Jahr vorher hatte der britische Wissenschaftsminister Lord Sainsbury of Turville vorgeschlagen, Lara Croft als Botschafterin für die herausragende Bedeutung der britischen Wissenschaft einzusetzen. Sainsbury präsentierte seine Idee, Lara Croft wissenschaftsökonomisch zu verwerten, anläßlich einer Rede über »Science and the Knowledge Economy« an der »Social Market Foundation« im Dezember 1998. Lara Croft sei der lebendige Beweis dafür, daß Großbritannien an der Spitze neuer Entwicklungen stehe.[4] In einem Chat hatte eine Tomb-Raider-Spielerin und Croft-Anhängerin den Aufruf »Lara Croft for president«[5] gestartet, der von da aus die Runde durch die Medien machte. Im August 1999 brachte schließlich Playboy das Aktbild eines ehemaligen Lara-Croft-Models ohne vorherige Absprache mit der Herstellerfirma Core Design auf der Titelseite und wurde dafür mit einem Gerichtsverfahren belangt.[6] Die Anklage lautete auf Rufschädigung des fiktionalen Stars. Das Gericht gab Core Design recht und untersagte Playboy, den Namen Lara Croft auf der Titelseite zu erwähnen. Des weiteren dürfe das Logo von »Tomb Raider« nicht in der Nähe des ehemaligen Lara-Croft-Models erscheinen.

Die ersten Versuche, das Phänomen zu erklären, erbrachten statt befriedigender Antworten immer mehr Fragen. Die Suche führte vorerst zu den ökonomischen

3 *Lara Croft Magazin* 1/99, S. 27.
4 Florian Rötzer: »Lara Croft als britisches Wissenschaftsmaskottchen«: http://ftp.ix.fe/tp/deutsch/inhalt/te/1693/1.html (2. 12. 1998).
5 »Rightgrrl«: http://www.rightgrrl.com/laracroft.html (30. 10. 1998).
6 Lindsey Arent: Game Maker: Lara's no Playmate. *Wired News*: http://www.wired.com/news/topstories/0,1287,20762,00.html (30. 10. 2000).

und marktpolitischen Bedingungen des Computerspielmarkts. Ich begann, die Bedeutung zu untersuchen, die technische Innovationen, insbesondere im Bereich der Grafik, und das Verhältnis von Spielesoftware und Hardware, PC und Konsole für den Erfolg und die Entwicklung der Spiele haben. Sie bilden in ihrem Zusammenspiel eine Eigengesetzlichkeit, die nicht nur die Geschichten, sondern auch die darin agierenden Figuren bestimmt. Dabei spielen die Verbindungen zu anderen Medien, insbesondere zum Hollywoodfilm und der dazugehörigen Medienstarindustrie, eine ganz besondere Rolle. All dies zusammen erklärte jedoch nicht den besonderen Erfolg von Lara Croft. Statt dessen zeichnete sich immer deutlicher ab, daß das vermutete »Mehr« auf die Veränderungen zielt, denen nicht nur unsere Körperwahrnehmung, sondern auch unser Begehren mit der Durchsetzung der neuen Medienwelt unterworfen ist. Die Frage nach diesen Veränderungen führten zurück zum Begriff des Geschlechtlichen bzw. der Geschlechterdifferenz. Daraus ergaben sich schließlich die Fragen, die mich bei meinen Nachdenken über Lara Croft leiteten:

- Was läßt sich aus der Analyse des Phänomens Lara Croft für ein besseres Verständnis der Bedeutungsverschiebung gewinnen, die der Begriff des Geschlechtlichen zur Zeit in großer Geschwindigkeit durchläuft?
- Hat die Figur, die zugleich als Pin-up und als aufmüpfiges, männervergrätzendes Grrl auftritt, die Grenzen der Geschlechter ebenso überschritten wie jene zwischen Virtualität und Realität?

2. Ein »Gift« in doppeltem Sinne

Das Problem, vor das Lara Croft die feministische Theorie stellt, resultiert just aus jener Vieldeutigkeit, die ihr Verehrer in der Eingangszeile seines Gedichts als herausragende Eigenschaft seines Stars besingt. Sie ist es, die den Spagat ermöglicht hat, die Wünsche weiblicher Spielerinnen nach überirdischer Leichtigkeit ebenso zu erfüllen wie die Phantasien ihrer männlichen Anhänger. So wurde Lara Croft nicht nur das Objekt männlichen Begehrens, sondern auch zu der ersten positiven weiblichen Identifikationsfigur auf dem Computerspielmarkt. Sie eröffnete den Mädchen die virtuelle Spielewelt. Die Medienwissenschaftlerin Randi Gunzenhäuser gab sogar der Vermutung Ausdruck, daß Frauen »Lara als Ermächtigungsphantasie persönlicher nehmen als Männer«.[1]

Daraus zog eine Emma-Redakteurin die Konsequenz: Das Geschenk einer weiblichen Heldin sei in unserer visuellen Wachstumswelt so groß, daß man Laras überdimensionierte weibliche Attribute als Tribut an die Männerwelt eben in Kauf nehmen müsse.[2] Gemeint ist Laras »übernatürlich« großer Busen, zu dessen Entstehungsgeschichte und Korrektur es einen eigenen Erzählstrang im Croft-Universum gibt.

Tatsächlich befriedigte die weibliche Heldin nicht nur die Phantasien ihrer männlichen Anhänger, sondern auch jene vieler weiblichen Spielerinnen. Mädchen genießen es, der toughen Abenteurerin zu folgen. Sie fühlen sich, so

1 »Womb Raider«. Interview mit Randi Gunzenhäuser. In: Manuela Barth (Hg.): *LaraCroftism.* Kunstraum München e.V. 1999, S. 50.

2 Zit. nach Marc Vorsatz: »Bitte bleiben sie dran. Cyber-Heldin Lara Croft bringt die Werbung in die PC-Spiele«. In: *Tagesspiegel*, 14. 4. 99.

sagen sie selbst, als Frau repräsentiert – als eine Frau, die unabhängig ist, lebenshungrig, die sich den Männern überlegen fühlt, die emanzipiert ist.

Dies wurde unterstützt durch die Biographie, mit der das multinationale Unternehmen Eidos, zuständig für die Vermarktung von »Tomb Raider«, im Einvernehmen mit der seit 1996 in seinem Besitz befindlichen Softwarefirma Core Design, der Geburtsstätte von Lara Croft, die Heldin ausstattete: Sie erhielt neben einer eigenen Blutgruppe (AB^-) Hobbys (Schießen, Freeclimbing), einen Geburtstag (14.2.1968), Eltern, Schulausbildung (Privatschulen in England und in der Schweiz), eine Nationalität (britisch), auch eine eigene Kindheit. So hat man sich Lara als Tochter des britischen Lords Henshingley Croft vorzustellen. Sie hat eine erstklassige schulische und sportliche Ausbildung genossen und ist in der sicheren Welt der Aristokratie aufgewachsen. Wäre es nach dem Wunsch der Eltern gegangen, hätte sie im heiratsfähigen Alter eine standesgemäße Familie gegründet. Es kommt jedoch ein Flugzeugunglück im Himalaja dazwischen, das die junge Lara als einzige überlebt und ihrer Lebensgeschichte die entscheidende Wendung gibt. Sie schlägt sich zwei Wochen alleine durch das Gebirge – eine Erfahrung, die sie zu jener Abenteurerin und Grabräuberin werden läßt, als die sie aus dem Computerspiel bekannt ist: lebenshungrig, freiheitsdurstig, reiselustig, unabhängig, selbstbewußt, schön und auf der Suche nach immer neuen Risikos.[3]

Nun erweist die genauere Betrachtung das vermeintliche Geschenk dieser weiblichen Heldin jedoch als ein

3 Angela McRobbie bemerkt in diesem Zusammenhang, daß die Geschichte Lara Crofts »näher als wir wohl denken an den Internatsgeschichten« dran sei. (»Codierung von Weiblichkeit in den 90ern«. In: *LaraCroftism*, S. 12.)

»Gift« in doppeltem Sinne. Denn sie ist nicht nur das Objekt männlichen und weiblichen Begehrens, sie ist zugleich die Statthalterin der hierarchischen Geschlechterordnung mit all jenen Geschlechterbildern im Schlepptau, die von der feministischen Theorie seit mehr als dreißig Jahren entziffert und dekonstruiert werden. Anstatt diese überkommenen Geschlechtervorurteile zu überwinden, befördert das Idol einen Prozeß, der als »Entgeschlechtlichung« und »Medialisierung« der Körper beschrieben werden kann. Mit diesem Prozeß der Entgeschlechtlichung geht seinerseits ein Rekurs auf die heterosexuelle Geschlechtermetaphysik einher. Wir sehen uns in der Folge vor die paradoxe Tatsache gestellt, daß sich die Nivellierung der sexuellen Differenz und die Befestigung der dualistischen Geschlechterordung nicht ausschließen, sondern in einer verwirrenden und doch gesetzmäßigen Weise gegenseitig stützen.

Insgesamt macht das Problem, mit dem das Phänomen Lara Croft die feministische Theorie konfrontiert, deutlich, daß diese selbst einer methodenkritischen Reflexion bedarf, um den Tücken gewachsen zu sein, die aus dem Zusammenschluß der neuen mit den alten Medien in einer universalen Mediengesellschaft entstanden sind. Die Gender Studies sind aufgefordert, in einen disziplinenübergreifenden Austausch mit medientheoretischen Ansätzen zu treten.

So bedient Lara Croft nicht nur männliche und weibliche Ermächtigungsphantasien, sondern verwandelt im gleichen Zug Spieler gleichermaßen wie Spielerinnen in sogenannte »User«, in geschlechtsneutrale Benutzer.[4] Sie

4 Sherry Turkle hat darauf hingewiesen, daß der Begriff User erst Ende der siebziger Jahre aufkam, und zwar in Verbindung mit dem Personalcomputer, der sich mit Hilfe von Anwenderprogrammen bedienen ließ, ohne daß man sich mit dem »Innern« der Maschine befassen

macht sie zu Usern, heißt: sie bindet sie an die Hardware, indem sie die jungen Frauen ebenso wie die Männer bei ihren Wünschen und Phantasien abholt. Dabei spielt das Geschlecht der User nur insofern eine Rolle, als es gilt, das Begehren auf das Medium zu richten, und ist in dem Moment gleichgültig, in dem die Maschine, sei es der PC oder die Spielkonsole, bedient wird. Die Attraktion, die Lara Croft auf weibliche wie männliche User ausübt, genügt der profanen Anforderung, nach der es gilt, den Kreis der Benutzerinnen und Benutzer zu vergrößern. In der Befolgung dieser Anforderung erweist sich Lara Croft freilich als Künstlerin. Das Geheimnis ihrer geschlechterübergreifenden Attraktivität liegt in ihrer Fähigkeit, um ihren Verehrer zu zitieren, »jedermanns Sprache zu sprechen«. Lara Crofts Botschaft erreicht das Begehren der Spielerinnen wie auch der Spieler.

Unter Medien sollen im Folgenden zum einen »alle jene materialen Techniken und gesellschaftlich verbreiteten Formen ihrer Verwendung gemeint sein, welche die kollektive Gestaltung von Wahrnehmung und Erfahrungsbildung in der Lebenswelt bestimmen«.[5] Wichtig ist bei dieser Definition, die der neueren Medientheorie folgt,

mußte. (Sherry Turkle: *Leben im Netz. Identität in Zeiten des Internet*. Aus dem Englischen von Thorsten Schmidt. Reinbek b. Hamburg 1998, S. 49 ff.) Während Turkle das Verschwinden der Hardware aus der Wahrnehmung der Benutzer als Eroberung neuer Spielräume begrüßt, warnt Friedrich Kittler zu Recht davor, die Bedingungen aus den Augen zu verlieren, die durch die Entwicklung auf dem Markt der Hardware gesetzt werden. Diese könnten die »Kontingenz oder Unberechenbarkeit einiger, nicht aller Zukünfte um endliche Grade vermindern«. (Friedrich Kittler: »Hardware, das unbekannte Wesen«. In: Sybille Krämer [Hg.]: *Medien, Computer, Realität. Wirklichkeitsvorstellungen und Neue Medien*. Frankfurt/M. 1998, S. 131.)

5 Monika Elsner/Hans Ulrich Gumbrecht/Thomas Müller/Peter M. Spangenberg: »Zur Kulturgeschichte der Medien«. In: Klaus Merten/Siegfried J. Schmidt/Siegfried Wischenberg (Hg.). *Die Wirklichkeit der Medien. Eine Einführung in die Kommunikationswissenschaft*. Opladen 1994, S. 163 f.

der Verweis auf den Einfluß, den die technische und die materiale Seite der Medien auf die Wahrnehmung und die Kommunikation ausüben. Der Computer ist dementsprechend nicht nur als Maschine oder Werkzeug zu sehen, sondern als ein Medium, das die kollektive Gestaltung unserer Wahrnehmung ebenso bestimmt wie das, *was* wir wahrnehmen.[6] Nun reicht ein Medienbegriff, der sich auf die Orientierung an der technischen Seite der Medien beschränkt, jedoch nicht aus, um verständlich zu machen, wie sich die Interaktion zwischen den sogenannt neuen Medien und ihren Benutzerinnen und Benutzern gestaltet. Man muß sich dazu dem Begriff des Mediums zugleich von der anderen Seite, der Seite der Benutzerinnen und Benutzer nähern. Von hier aus sieht man sich zunächst mit der Erkenntnis konfrontiert, daß jedes Medium Bestandteil eines Zeichenereignisses ist. Slavoj Žižek hat das damit einhergehende Problem einmal treffend als »*Genese des Anscheins selbst*«[7] bezeichnet. Es zielt auf die Frage, wie die Realität der Körper aus sich heraus das »unkörperliche« Sinn-Ereignis generiere. Daß selbst die fachinterne Definition des Computers nicht mehr ohne Rekurs auf das »unkörperliche« Sinn-Ereignis auskommt, zeigt sich in dem neuen Begriff einer »virtuellen Maschine«. Als »virtuelle Maschine« umfaßt der Computer die Einheit von Hardware und Betriebssystem. Die Informatiker berücksichtigen mit dieser Begriffsfindung eine Entwicklung, bei der die Benutzerinnen und Benutzer die Maschine nur noch durch das Programm des Betriebssystems wahrnehmen, während das,

6 Zum Verhältnis von Maschine und Medium und dessen Geschichte vgl.: Heidi Schelhowe: *Das Medium aus der Maschine. Zur Metamorphose des Computers*. Frankfurt/M. 1997.

7 Slavoj Žižek: *Die Pest der Phantasmen. Die Effizienz des Phantasmatischen in den neuen Medien*. Aus dem Englischen von Leopold Andreas Hofbauer. Wien 1997, S. 86.

was sich auf der Hardwareebene abspielt, allein die Entwicklungsingenieure selbst erkennen können.[8] Das Betriebssystem vermittelt zwischen Benutzerprogramm und Maschine und legt als Programm die möglichen Operationen einer Maschine fest.[9] Wir haben also mit dem Computer ein Medium in Form einer »virtuellen Maschine« vor uns, einer Maschine, die uns nur vermittelt über die sogenannte Software, also Zeichensymbole, zugänglich ist. Es ist ein Medium ohne Geschlecht, für das auch die Geschlechtszugehörigkeit seiner Benutzer vollkommen bedeutungslos ist.

Eine andere Art Medium ist die Gestalt Lara Croft. Sie spricht jedermanns Sprache und sagt, wie ihr Fan so schön formulierte, tausend Worte. Das macht sie zu einem universalen Zirkulationsmedium, dem, anders als dem Medien der ersten Art, ein Geschlecht zukommt. Das Medium, das Lara Croft repräsentiert, ist universal und weiblich. Es ist seinerseits der Effekt eines Zeichenereignisses und lädt die User zu einer Interaktion mit dem Computer ein, welche die Maschinenrealität vollends vergessen läßt, deren Virtualisierung durch die zwischen den User und die Hardware geschaltete Software bereits vorbereitet ist. Das Medium Lara Croft wird, wie ich genauer ausführen werde, nicht zufällig als weiblich imaginiert; die Konnotation von Medialität, Repräsentation und Weiblichkeit folgt einer weit zurückreichenden Tradition, auf die im Prozeß der Etablierung neuer Medien zurückgegriffen wird. Um das Phänomen Lara Croft zu analysieren, werden wir der Frage nachgehen müssen, wie die Verbindung dieser zwei Medien, der »virtuellen Ma-

8 Zu den Konsequenzen dieser Entwicklung und ihrer Kritik vgl. Kittler, »Hardware, das unbekannte Wesen«, S. 124 ff.

9 Vgl. Klaus Mainzer: *Computernetze und virtuelle Realität. Leben in der Wissensgesellschaft*. Berlin/Heidelberg 1999, S. 22.

schine« Computer einerseits und dem Medium Lara Croft andererseits, zustande kommt und welche Wirkung von dieser Verbindung ausgeht.

Als universales Zirkulationsmedium löscht das Medium Lara Croft gemäß einer Logik, die bereits Karl Marx in seinem Kapitel über den Warenfetisch beschrieben hat, ähnlich wie das Geld allen qualitativen Unterschied.[10] Dabei macht es auch vor der sexuellen Differenz nicht halt. Um den Prozeß der Medialisierung der Körper besser beschreiben zu können, möchte ich die sexuelle Differenz von der identitätsfixierten Heterosexualität unterscheiden und gegen den Begriff der Geschlechterdifferenz absetzen. Unter sexueller Differenz verstehe ich in Anknüpfung an Judith Butler eine »unabschließbare Frage«.[11] Als Frage ist die sexuelle Differenz nicht ein wissenschaftlicher oder philosophischer Gegenstand unter anderen, sondern ein unruhestiftender Ort, der die Grenze des wissenschaftlichen Geltungsbereiches offenlegt. In diesem Sinne zielt die Frage der sexuellen Differenz nach der Befragung der historischen Grundlagen unseres Wissens.[12] Hierzu gehört die unbefragt vorausgesetzte Geschlechtermetaphysik, der zufolge das Weibliche mit dem

10 Marx, Karl: *Das Kapital. Kritik der politischen Ökonomie.* Nach der 4., von Friedrich Engels durchgesehenen und herausgegebenen Auflage, Hamburg 1880. Erster Band. Berlin 1971, S. 146. Marx verweist dabei auf Shakespeares *Timon of Athens*, der das Geld ob seiner Kunst, alles gleichzumachen, als »verdammt Metall, Gemeine Hure du der Menschheit« bezeichnet. Auch in dieser Metaphorik ist, wie Walter Benjamin deutlich gemacht hat, die Anlehnung an die Geschlechterdifferenz nicht zufällig. Vgl. Astrid Deuber-Mankowsky: »Die Frau: Das kostbarste Beutestück im ›Triumph der Allegorie‹«. In: *Concordia* 21, 1992, S. 2-20.

11 Judith Butler: »Das Ende der Geschlechterdifferenz?« In: Jörg Huber/Martin Heller (Hg.): *Konturen des Unentschiedenen.* Basel 1997, S. 25.

12 Vgl. Geneviève Fraisse: *Geschlecht und Moderne. Archäologien der Gleichberechtigung*. Frankfurt/M. 1995, S. 28 ff.

Körper, der Natur, der Materie, dem Heteronomen, der Passivität und dem Bild verbunden ist, während das Denken bzw. Kopf, Kultur, Form, Autonomie, Aktivität und der Blick mit Männlichkeit assoziiert werden. Die Frage der sexuellen Differenz steht also nicht nur konträr zu einer dualistisch verstandenen und an der Frage nach möglichen Geschlechteridentitäten ausgerichteten Geschlechterdifferenz, sondern ist zugleich interessiert an den Verbindungen, die zwischen dieser und dem Spiel mit der Wahrheit und den Grundlagen des Wissens bestehen. Dabei ist das Ziel nicht, die sexuelle Differenz besser oder genauer zu definieren, als es bisher der Fall war, sondern sie als unruhestiftenden Ort zu erhalten, als »Kluft«, wie Butler es ausdrückt, oder, um mit der französischen Philosophin Geneviève Fraisse zu reden, als Einfall der Geschichtlichkeit in das Denken wahrzunehmen. Die sexuelle Differenz ist demnach nicht nur selbst eine »unabschließbare Frage«, sondern konfrontiert das Denken selbst mit seiner Unabschließbarkeit. Sie läßt sich auch nicht in die bekannte und oft kritisierte Unterscheidung von Sex und Gender einordnen, sondern steht zu dieser ebenso quer wie zu der Unterscheidung von Natur und Kultur oder von Körper und Denken.[13] Die Implikationen, die das Verständnis der sexuellen Differenz als einer »unabschließbaren Frage« für die Analyse des Phänomens Lara Croft hat, werden im Verlauf dieses Essays deutlich werden. Festhalten möchte ich jedoch schon an dieser Stelle, daß die Medialisierung und Entgeschlechtlichung der Körper just diese Offenheit der sexuellen Differenz überschreibt. An ihrer Stelle reetabliert das Phänomen Lara

13 Zu Butlers Kritik an der Unterscheidung Sex/Gender vgl. *Das Unbehagen der Geschlechter.* Frankfurt/M. 1991, S. 15 ff. Ferner: Astrid Deuber-Mankowsky: »Geschlecht als philosophische Kategorie«. In: *Die Philosophin* 23/2001, S. 11-30.

Croft den hierarchischen Geschlechterdualismus auf dem abstrakten Niveau des binären Codes. Die Verknüpfung dieser scheinbar gegenstrebigen Bewegungen kennzeichnet den schwer durchschaubaren Prozeß, mit dem uns das Phänomen Lara Croft konfrontiert.

Dabei trifft der Prozeß der Entgeschlechtlichung, der mit der Virtualisierung der Realität und deren Kehrseite, der Realwerdung der Virtualität, einhergeht, wie Allucquère Rosanne Stone bemerkt hat, nicht nur Frauen, sondern alle User. Er ist, was sie ebenfalls deutlich macht, auch nicht begrüßenswert. In ihren Überlegungen zu der Frage, was mit den Körpern durch die globale Vernetzung der Phantasieräume im Internet geschieht, weist sie darauf hin, daß »ein großer Teil der Arbeiten von Cyberspaceforschern davon ausgeht, daß der menschliche Körper nur noch ›Fleisch‹ (›meat‹) – und damit überholt – sei, sobald das Bewußtsein ins Netz geladen« werden könne.[14] Meat bedeutet Fleisch, im Sinne einer Wurst oder eines kalten Bratens. Getrennt von den Wünschen, der intellektuellen Phantasie, ja selbst von seinem Begehren, wird der Körper als ein Stück totes Fleisch imaginiert und von der Realität des Cyberspace ausgeschlossen. Im Gegenzug dazu betont Stone, daß auch die virtuelle Gemeinschaft einen sehr verletzlichen Ursprung hat, nämlich sterbliche und geschlechtliche Körper, die verwundbar sind und durchaus einer anderen Art von Fleisch zugehören als das unter »meat« subsumierte. In diesem Sinne schreibt sie: »Kein vorgestellter virtueller Körper, ganz egal wie schön er ist, wird den Tod eines Cyberpunk mit AIDS verlangsamen.«[15]

14 Rosanne Allucquère Stone: »Will the real bodies please stand up? Boundary stories about Virtual Cultures«. In: Jenny Wolmark (Hg.): *Cybersexualities. A Reader on Feminist Theory, Cyborgs and Cyberspace*. Edinburgh 1999, S. 94.

15 Ebd.

3. Die drei Ursprünge Lara Crofts

»Tomb Raider«, von dem es insgesamt fünf Versionen gibt, ist ein Action-Adventure-Spiel, also ein Abenteuerspiel, mit Schwerpunkt auf Geschicklichkeit, auf schnellen Reaktionen und Kampf. In allen Fortsetzungen springt, hüpft, jumpt die Heldin auf der Suche nach archäologischen Fundstücken und wertvollen Artefakten durch schummrige Gemächer, verlassene Gräber und alte Paläste rund um den Globus. Dabei kämpft sie gegen verschiedenste Gegner: In London gegen Punks, im Südpazifik gegen Eingeborene, in der Antarktis gegen Seehunde, die sich als maskierte Konkurrenten entpuppen, auch schon mal gegen spukige Statuen oder gegen Affen. Dazwischen hat sie einige unterschiedlich schwierige Rätsel zu lösen.

Der unmittelbare Vorgänger von Lara Croft hieß Rick Dangerous. Rick war ein kleines kugeliges Männchen mit Schlapphut und einer Pistole. Es erinnerte mehr an Super-Mario als an Indiana Jones, der nach Aussagen seiner Erfinder sein wahres Vorbild gewesen sein soll. Rick Dangerous ist der Titelheld und Namensgeber des ersten Spiels, mit dem die kleine britische Spiele-Entwicklungsfirma Core Design 1989 einen Bestseller lancierte.

1996 erschien die erste Version von »Tomb Raider«. Core Design war inzwischen von dem Unternehmen Eidos gekauft worden, das nun für das Marketing der Core-Design Produkte und damit auch für das Marketing von »Tomb Raider« zuständig war. Die Handlung von »Tomb Raider« war quasi identisch mit jener des Vorgängerspiels. Rick Dangerous wäre, so heißt es im 1999 erschienenen *Lara-Croft-Magazin*, »auch locker unter dem Na-

Abb. 1: *Rick Dangerous*. Lara Croft Magazin 1/99.
© EIDOS Interactive Germany

men Tomb Raider durchgegangen«.[1] Geändert hatten sich dagegen die Grafik und das Geschlecht der Figur. Die zweidimensional flächige und durch den Wechsel der Szenen wie durch Seitenwechsel ständig unterbrochene Welt von Rick Dangerous hatte sich in die kontinuierliche und konsistente 3-D-Welt von Lara Croft verwandelt. Zugleich ist aus der kugeligen Figur des gefährlichen Rick die im Verhältnis zu diesem zähe und zugleich zart wirkende Lara Croft geworden.

Diese dreidimensionale weibliche Indiana-Jones-Computerspielfigur wiederum hat sich in einem Zeitraum von nur zwei Jahren in jenes »Cultural icon« namens Lara Croft verwandelt.

Lara Croft kann nicht nur als Sinnbild gelten, in dem sich eine zur Medienwelt gewordene Gesellschaft spiegelt. Sie stellt als dieses Sinnbild vielmehr zugleich das Medium dar, in dem sich die verschiedenen Medien transversal miteinander verständigten. In dieser medialen Kopulation

1 *Lara Croft Magazin* 1/99, S. 7.

Abb. 2: *Lara Croft: Spielfigur.* Das offizielle Lösungsbuch. Tomb Raider Featuring Lara Croft/1998. © EIDOS Interactive Germany

werden nicht nur die Medien selbst, sondern auch die voneinander getrennten und oft nicht einmal um die gegenseitige Existenz wissenden Gemeinden, die sich um die unterschiedlichen Medien herum konstituieren, zu einer quasi konsistenten Mediengemeinschaft verbunden. So liegt einer der Gründe für den Erfolg der Figur in der »Zauberkraft«, die ihr als jenem universalen Medium zukommt, das differente Medien wie Presse, Fernsehen, Hörfunk, Mode, aber auch Popmusik, Comics, Computerspiele, Kino, Werbung, Tanz[2] und vor allem das Internet und die ihnen anhängenden Teilöffentlichkeiten miteinander zu verbinden vermochte. Als Sinnbild der Medialität wirkte sie zugleich als Zirkulationsmittel, das die Medien und die durch sie konstituierten Öffentlichkeiten auf einen Nenner zu bringen half.

2 Die »Krisztina de Châtel Dance Group« führte im Sommer 1999 während des Over Het IJ Festivals das Tanzstück »Lara« auf. Sie seien, so sagte die Co-Produzentin, davon fasziniert gewesen, daß Lara Croft weltberühmt sei und nicht einmal existiere. Vgl. *Wired News*: http://www.wired.com/news/culture/0,1284,20406,00.html (1. 5. 2000).

So konnten sich die Fernsehzuschauerinnen und -zuschauer, die den Werbespot mit Lara Croft gesehen hatten, informiert fühlen, ohne je in die Nähe eines Computerspiels gekommen zu sein. Sie vermochten problemlos einen unterhaltenden Abend mit Freunden beim Thema Lara Croft zu verbringen. Sie werden dabei auf die Plakate und die Titelseiten einschlägiger Magazine zu sprechen gekommen sein und vielleicht noch auf jenen Skandal, den einige Computerfreaks ausgelöst hatten, als sie Lara nude ins Spiel brachten. Lara nude war eine nicht autorisierte Spielvariante, in der Lara nackt durch die virtuellen Welten hüpfte. Weitere Themen hätten der Verkaufserfolg des Spiels und die lebensgroße Lara-Croft-Figur im Kaufhaus gewesen sein können. Dieses Reden über Lara Croft vermittelte die gegenseitige Versicherung, daß man dazu – und das heißt, *auch* zu der neuen Mediengesellschaft gehört. Diese Versicherung der Zugehörigkeit fand und findet ebenso schnell und beiläufig im Pausengespräch, während des Small talk am Arbeitsplatz, am Telefon, im Gespräch zwischen Oma und Enkel statt – überall dort, wo der Austausch über Lara Croft einem bedeutet, daß man, ungeachtet der Unterschiedlichkeit der Medien, über die man sich den Zugang zur Welt erschließt, in der gleichen und einen Welt lebt.

Für Jeremy Smith und seine Firma Core Design stellte der unerwartete Erfolg von Lara Croft ein eindeutiges und unbezahlbares Geschenk dar, warb sie doch, indem sie als Werbeträgerin z. B. für den Konzern Nike auftrat, zugleich für das Spiel. Smith kommentiert dieses Geschenk mit folgenden Worten:

»Wer weiß, wieviel freie Werbung im Wert von Millionen und Millionen Pfund wir in der Presse bekamen, die die Figur den Leuten vorstellte, die dann dachten: ›Ja, das sieht aus wie ein großartiges Spiel.‹ Wir hätten *niemals* den Betrag für das Marketing ausgeben können, das wir von den Medien erhielten.«[3]

Um die Verwandlung der Spielfigur Lara Croft in ein »Cultural icon« zu erklären, lassen sich drei verschiedene Ursprünge anführen, die sich verschränken, aufeinander beziehen und in diesem Bezug gegenseitig verstärken. Der erste faßt die ökonomischen Gründe, der zweite die medialen und der dritte die sexuellen. Ich möchte ausführlicher auf diese drei Gründe/Ursprünge eingehen, um dabei zugleich das Phänomen Lara Croft etwas genauer zu beschreiben und die Bedingungen vorzustellen, die ein Medium erfüllen muß, um als »Cultural icon« der Medienkultur fungieren zu können.

Die Gründe, die mit der technischen Entwicklung sowohl der Hardware wie der Software zusammenhängen, spielen in alle drei Bereiche so hinein, daß ohne die einen die anderen und ohne alle zusammen Lara Croft selbst nicht denkbar wäre.

3 Zitiert in: Steven Poole: *Trigger Happy. Videogames and the Entertainment Revolution.* New York 2000, S. 8.

4. Der Markt und die Hardware

Das Software-Entwicklungshaus Core Design wurde 1988 in Derby unter anderen von Jeremy Smith gegründet, der zusammen mit seinem Bruder Adrian bis heute das Unternehmen verantwortlich leitet. Am Anfang waren es nur eine Handvoll Leute. Ende des Jahres 2000 arbeiteten bereits 90 Angestellte in der Firma. Core ist auf die Konzeption und die Entwicklung von technisch sehr aufwendigen Computer- und Videospielen spezialisiert. Das Marketing und den Vertrieb der Spiele – auch von »Tomb Raider« – liegt in den Händen der multinationalen Unternehmergruppe Eidos. Das war nicht immer so. In den Gründungsjahren war Jeremy Smith selbst für den Vertrieb verantwortlich. Es war die Zeit, als sich der Spielemarkt durch die Einführung der konsolenbasierten Videospiele der konkurrierenden japanischen Firmen Sega und Nintendo sehr verändert hatte. Smith pflegte enge Kontakte zu Sega. 1993 entwickelte Core in der Folge für die legendäre Mega-CD von Sega, die erste CD-Konsole überhaupt, das Spiel Thunderhawk. Während das Spiel durchaus erfolgreich war, erwies sich die Mega-CD jedoch als »Desaster«: Die Hardware war, wie sich Smith in einem Interview ausdrückte, nur wenige Monate nach ihrem Erscheinen bereits »tot«.[1] Damit war das Rennen für Nintendo und seinen Helden Super Mario entschieden. Die lakonische Antwort von Smith auf die Frage, wie sein und das Leben von Core vor Lara ausgesehen habe, unterstreicht die Bedeutung marktökonomischer Gründe

1 »Sie kämpft mit Wölfen«. Interview mit Jeremy Smith. In: *Lara Croft Magazin* 1/99, S. 23.

sowohl für das Leben von Core als auch für den Ursprung des Phänomens Lara Croft.

»Vor Lara? Da hatte die Spielindustrie noch mit viel zu vielen Computer- und Konsolenvarianten zu kämpfen. Wir mußten dadurch auch mehr Spiele programmieren. Core entwickelte gleichzeitig auf Amiga, Atari ST, PC und Mega Drive.«[2]

Das Erscheinen von Lara fiel mit dem Durchbruch der 32-Bit-Plattformen zusammen. Die sehr viel – fünfhundertmal – höhere Leistungsfähigkeit der Hardware revolutionierte die Spiele und entschied den Wettbewerb unter den Hardwareanbietern. Anstelle der vielen Konsolevarianten setzte sich die 1994 lancierte legendäre Playstation der Firma Sony durch. Sie erhielt erst 1996 durch die N64 von Nintendo Konkurrenz. Um eine Vorstellung von der ökonomischen Bedeutung zu geben, sei erwähnt, daß die Playstation und ihr Folgemodell, die Playstation 2, die zur Zeit meistverkauften Produkte des Megakonzerns Sony sind. Die Playstation wurden bis Ende 2000 über 80 Millionen Mal verkauft.

Die Spiele selbst näherten sich dank der besseren Grafik dem Film an. Diese Entwicklung wurde durch ein weiteres entscheidendes Ereignis geprägt: Zeitgleich mit den 32-Bit-Plattformen kamen die 3D-Grafikkarten für den PC auf. Mit der Möglichkeit, dreidimensionale Räume auf dem Bildschirm erscheinen zu lassen und mittels Tastatur begehbar zu machen, wurde der PC zu einer idealen Hardwareplattform für grafisch hochwertige Spiele. Die Qualität der Grafik blieb von den Konsolen lange unerreicht und erhielt erst durch Playstation 2 ernsthafte Konkurrenz. Damit wurde der PC trotz der leichteren Bedienbarkeit der Konsolen zu einer realen Alternative im Bereich der Entertainmentindustrie. Auf

2 Ebd.

dem PC waren nun Spiele möglich, die, wie es Toby Gard, dem Produzent von »Tomb Raider« vorschwebte, wie ein Film wirken sollten.[3] Diese »Einverleibung« des Mediums Film weist freilich bereits auf die medialen Gründe von Laras Entstehungsgeschichte voraus.

1995 entwickelte Core Design mit Thunderhawk 2 das erste Spiel für die Playstation. Anfang 1996 übernahm Eidos das Entwicklungshaus, und Ende des Jahres kam »Tomb Raider« auf den Markt.

Als Lara Croft auf der Bildfläche erscheint, waren also folgende zwei entscheidende Weichen bereits gestellt:

1. Der Wettbewerb auf dem Markt der Hardwareanbieter war in seiner ersten Runde entschieden: Nach dem Durchbruch der 32-Bit-Plattformen zeichnete sich ab, daß die Playstation von Sony als Sieger hervorgehen würde. Des weiteren hatte die 3D-Grafikkarte den PC in eine ideale Computerspielhardware verwandelt und war damit zur eigentlichen Konkurrenz der Playstation geworden.
2. Mit dem Verkauf von Core an Eidos war die Vermarktung der von dem Softwarehaus entwickelten Spiele an das multinationale Unternehmen übergegangen. Das hatte erstens eine Trennung von Entwicklung und Vermarktung zur Folge. Anders als für die Leute von Core war Lara Croft keine in der Tradition von Indiana Jones und Rick Dangerous stehende Spielfigur, sondern eine *Werbefigur* – was, wie noch näher ausgeführt werden soll, ein gravierender Unterschied ist. Des weiteren gewährleistete die Multinationalität des Unternehmens eine an verschiedenen Orten der Welt gleichzeitig stattfindende werbeunterstützte Lancierung der Spiele.

3 Vgl. »Lara's Homepage«: http://www.nant.de/lar...me/thegame/index.shtml (11. 5. 1999).

In einem äußerst geschickten Schachzug entwickelte Core Design zeitgleich drei verschiedene Versionen von »Tomb Raider«, so daß das Spiel zugleich für PC, Playstation und Sega Saturn erhältlich war. Dadurch überwand die Software den Graben, der sich in der Hardware zwischen PC und Konsole aufgetan hatte. In dieser Weise erschloß sich Core sowohl die Käuferschaft der PC- als auch der Konsolen-Anhänger und wirkte im gleichen Zug als Medium zwischen den Gemeinden der PC- und der Videospielfans.

Lara Croft war also von Beginn an in mehreren Hinsichten global präsent. Geografisch durch die Multinationalität von Eidos und medial durch die Kompatibilität mit den zwei Hardewaresystemen, die den Markt der Computerspiele bestimmten: auf dem Bildschirm des PC und konsolengesteuert auf dem Fernsehschirm, wobei die Playstation von Sony mit ihrer technischen Leistungsfähigkeit schnell weltweit verbreitet war. Hinzu kommt als wichtiges drittes Element das Medium der Werbung. So tauchte gleichzeitig mit der über die Bildschirme der mehr oder weniger jugendlichen Spieler hüpfenden und schießenden Nachfahrin von Indiana Jones auf den Plakatwänden und den Inseratenseiten der einschlägigen Magazine eine ganz andere Lara Croft auf, die schon bald ein Eigenleben zu führen begann: jene sexy Werbefigur, die von den anderen Medien aufgenommen wurde und die, wie die Spielfreaks unwillig einwandten, mit dem Spiel selbst so gar nichts zu tun hatte.[4]

4 Jörg Langer: »Mythos Lara Croft«. In: *Game Star* 1/1999, S. 91.

5. Mediale Ursprünge und sexuelle Gründe

Die medialen Ursprünge des Phänomens Lara Croft sind nur sehr schwer von dem zu lösen, was ich als sexuelle Gründe bezeichnen würde. Das hängt damit zusammen, daß die Faszination der Kunstfrau auf einer ihre Produktion allererst ermöglichenden und das Begehren zugleich freisetzenden Bindung an das Medium beruht. Dem Versuch, den medialen und den mit diesen verschränkten sexuellen Gründen für das Phänomen Lara Croft auf die Spur zu kommen, sei eine Bemerkung des Medientheoretikers Marshall McLuhan vorausgeschickt, welche die besonderen methodischen Bedingungen medientheoretischer Untersuchungen besonders schön umschreibt. Sie steht in seiner 1964 erschienenen Untersuchung *Die magischen Kanäle. Understanding Media* und lautet:

»Aber die konzentrische Form mit ihrem endlosen Ineinandergreifen von Ebenen ist für die Einsicht notwendig. In Wirklichkeit ist sie die Technik der Einsicht, die als solche zum Studium der Medien notwendig ist, da kein Medium Sinn oder Sein aus sich allein hat, sondern nur aus der ständigen Wechselwirkung mit andern Medien.«[1]

Die Analyse des Phänomens Lara Croft bestätigt die Thesen von McLuhans Medientheorie in einem hohen Maß. Zu deren drei zentralen Voraussetzungen gehören erstens die Auffassung, daß Medien Prothesen oder Erweiterungen der menschlichen Sinnesorgane seien, zweitens die Aussage, daß das Medium selbst die Botschaft darstelle, und drittens die Annahme, daß der Inhalt jedes Mediums

1 Marshall McLuhan: *Die magischen Kanäle. Understanding Media.* Aus dem Englischen von Meinrad Amann. Basel 1995, S. 50.

ein anderes Medium sei. Ein Medium ist für McLuhan durch zwei Funktionen gekennzeichnet: Es dient zum einen als Informationsspeicher und -beschleuniger und überträgt zum anderen eine (mediale geprägte) Erfahrung in eine neue Form. In dieser zweiten Form stellt das Medium eine wirksame Metapher dar.[2] So hat jedes Medium ein anderes Medium zu seinem Inhalt, während das ganze Mediensystem eine einzige Metaphernkette bildet. Der berühmte Satz, nach dem das Medium die Botschaft sei, heißt negativ formuliert, daß es *ohne* Botschaft ist. Positiv formuliert bedeutet er, daß die Botschaft des Mediums nicht etwas außerhalb des Medialen selbst darstellt, sondern die Veränderung des »Maßstabs, Tempos oder Schemas« für die Situation des Menschen.[3] Ebenso ist der Inhalt eines Mediums nicht etwas, das außerhalb des Medialen selbst liegt, sondern wieder ein Medium, wenn auch ein *anderes* Medium. McLuhan:

»Diese für alle Medien charakteristische Tatsache [ohne Botschaft zu sein] bedeutet, daß der ›Inhalt‹ jedes Mediums immer ein anderes Medium ist. Der Inhalt der Schrift ist Sprache, genauso wie das geschriebene Wort Inhalt des Buchdrucks ist und der Druck wieder Inhalt des Telegrafen ist.«[4]

Was ist die Botschaft von Lara Croft? Welches Medium ist ihr »Inhalt«? Geht man noch einmal auf die Entstehungsbedingungen zurück, so wird man, um diese Frage zu beantworten, bei der Entwicklung der 3D Grafikkarten ansetzen müssen. Daß diese technische Innovation den PC zur idealen Hardware für Videospiele machte, habe ich bereits erwähnt. Auch, daß die 3D-Grafikkarte es den Entwicklern ermöglichte, Spiele so zu designen, daß sie wie ein Film wirken. Und genau an diesem Punkt

2 Ebd., S. 94.
3 Ebd., S. 22 f.
4 Ebd., S. 22.

muß man, wie ich meine, ansetzen, will man den Schlüssel zum Verständnis der Botschaft von Lara Croft finden. Tatsächlich stammt das Vorbild von Lara Croft, Indiana Jones, aus Hollywood, und glaubt man den Erzählungen von Jeremy Smith, dann verdankt sich die Verwandlung des Lonely Raider in eine weibliche Abenteurerin seinen Bedenken, daß es aufgrund der Ähnlichkeit des Spielhelden mit dem Vorbild aus dem Film »Ärger geben könnte mit George Lucas«.[5] Wie hätte man die Ähnlichkeit der Spielfigur mit Indiana Jones raffinierter tarnen können, als durch eine simple Änderung der Geschlechtsidentität? Toby Gard, der Produzent von »Tomb Raider«, reagierte nach Smith auf dessen Einwand mit dem Entwurf eines weiblichen Indiana Jones. In Smiths Erinnerung haben »Toby und sein Team [...] den Helden dann« umgearbeitet, und »nach ein paar Wochen kam er mit Lara zurück«. Seine Reaktion schildert er mit folgenden Worten:

»Ich habe ungläubig auf den Bildschirm geguckt und so was geäußert wie: ›Mein Gott, das ist ja eine Frau. You can't be fucking serious.‹ Aber Toby Gard war begeistert, und man muß Kreativen einfach ihre Freiheit lassen, die Freiheit, dem zu folgen, woran sie glauben.«[6]

Gard seinerseits glaubte an seine Vision, mit der neuen Technik ein Spiel zu kreieren, das wie ein Film sein sollte, der permanent interaktiv bleibt.[7] Und dazu eignete sich von allen Charakterentwürfen, wie auf einer der vielen Lara Croft gewidmeten Homepages berichtet wird, am besten der einer Frau. Während alle männlichen Figuren unweigerlich wie Arnold Schwarzenegger wirkten, habe sich allein eine Frau aus der Masse hervorgehoben. Nun

5 *Lara Croft Magazin*, S. 24. George Lucas war Produzent und Direktor von *Star Wars* und der Trilogie *Indiana Jones*.
6 »Sie kämpft mit Wölfen«, S. 24.
7 »Lara's Homepage«.

hätte auch eine Figur wie Schwarzenegger einen interaktiven Helden abgegeben. Es stellt sich also die Frage, warum es wichtig ist, daß die Figur sich aus der Masse hervorhebt und was genau damit gemeint ist.

Beide Erzählungen, die von Smith wie jene des Autors von Laras Homepage, stimmen darin überein, daß eine männliche Charakterfigur, anders als eine weibliche, auf einen *bestimmten* Namen, Indiana Jones oder Schwarzenegger, und damit auf eine *identifizierbare* Geschichte führen würde – und sich genau deswegen *nicht* eigne. Nun scheint zwischen der Feststellung, daß eine männliche Figur mit einer individuellen Gestalt identifiziert werde, und der Behauptung, daß sich nur eine weibliche Figur aus der Masse hervorhebe, ein Widerspruch zu bestehen. Immerhin gilt gemeinhin das Individuum als Gegenpol zur Masse, während diese selbst allzu oft weiblich konnotiert ist. Wir sind damit bei der Frage nach der Bedeutung von Lara Crofts Weiblichkeit. Wieso eignete sich eine weibliche Figur besser als eine männliche Figur, um die Botschaft des neuen Mediums zu verkünden? Die Antwort liegt in der besonderen Universalität, die ein universales Medium erfordert: zugleich alles und nichts zu repräsentieren.

Wieso sich nur eine weibliche Figur in der gesuchten Weise aus der Masse hervorhebt, läßt sich mit Teresa de Lauretis' Deutung einer kurzen Passage aus Italo Calvinos Roman *Die unsichtbaren Städte* zeigen. Lauretis legt zugleich auch die Spur, die zu der Erklärung führt, warum nur eine weibliche Figur die Funktion eines »Cultural icon« der Mediengesellschaft übernehmen konnte.

In der Einleitung zu ihrem Buch *Alice doesn't. Feminism, Semiotics, Cinema* zitiert sie den Gründungsmythos der Stadt Zobeide, den Calvino im 3. Kapitel unter dem Titel »Die Städte und der Wunsch« wiedergibt. Nach diesem Mythos verdankt die Stadt ihre Entstehung einem wunderbaren Traum, dessen Ähnlichkeit mit dem Spielerlebnis von »Tomb Raider« frappierend ist.

»Männer verschiedener Nationen hatten einen gleichen Traum, sie sahen eine Frau nachts durch eine unbekannte Stadt laufen, sie sahen sie von hinten mit langem Haar, und sie war nackt. Sie verfolgten sie im Traum. Beim Hin und Her verlor sie ein jeder. Nach dem Traum begaben sie sich auf die Suche nach jener Stadt; sie fanden sie nicht, doch sie fanden einander; und sie beschlossen, eine Stadt wie im Traum zu bauen.«[8]

Die Stadt ist, wie Lauretis deutlich macht, die Repräsentation der Traumfrau, während die Traumfrau im gleichen Zug den Grund für diese Repräsentation darstellt. Sie hebt sich aus der Vielheit aller zählbaren einzeln – also aus der Masse – hervor, weil sie statt einzeln *einzig* ist, unvergleichlich und nicht von dieser Welt.

In einer der konzentrischen Form und deren endlosem Ineinandergreifen von Ebenen ähnlichen unendlichen Kreisbewegung, die nach McLuhan für das Funktionieren der Medien charakteristisch ist, ist die Frau zugleich das erträumte Objekt des Begehrens und der Grund (reason), auf dem und dessentwegen die Stadt als die Verwirklichung des Traums gebaut wird. So heißt es bei Lauretis:

»Sie ist beides: Repräsentation der Quelle des Begehrens überhaupt und zugleich das höchste, unerreichbare Ziel des Begehrens selbst. So schreibt die Stadt, die gebaut wurde, um den Traum der Männer festzuhalten, schließlich die Abwesenheit der Frau fest. Der Gründunsgmythos von Zobeide erzählt die Geschichte der Produktion der Frau als Text.«[9]

8 Italo Calvino: *Die unsichtbaren Städte.* Aus dem Italienischen von Heinz Riedt. München 1997, S. 53.

9 Teresa de Lauretis: *Alice doesn't. Feminism. Semiotics. Cinema.* Bloomington 1987, S. 13. »She is both the source of the drive to represent and its ultimate, unattainable goal. Thus the city, which is built to capture men's dream, finally only inscribes woman's abscence. The founding tale of Zobeide [...] tells the story of the production of woman as text.«

An einer anderen Stelle definiert Lauretis diese Traumfrau in einer Metaphorik, die der Entstehungsgeschichte Lara Crofts noch näher kommt. Dort heißt es:

»Mit Frau meine ich ein fiktionales Konstrukt, ein Destillat aus verschiedenen, aber dennoch kongruenten Diskursen, die dominant sind in westlichen Kulturen (und zwar sowohl kritischen wie wissenschaftlichen, literarischen und juristischen Diskursen), ein Konstrukt, das sowohl als deren unendlicher Schnittpunkt als auch als deren Existenzbedingung fungiert.«[10]

Um dies zu konkretisieren, vergleicht sie die Bedeutung der Traumfrau für die Konstituierung der gesellschaftlichen Realität mit jener, welche die Zukunft im Sciencefiction-Genre einnimmt: Beide sind Spekulationen, in denen sich die Gegenwart aus einer bestimmten Perspektive auf einen im Unendlichen verschwindenden Punkt hin entwirft.[11]

Wir können nun zu unserer Frage zurückkehren. Die Ausführungen von Teresa de Lauretis machen deutlich, daß zwischen der Anonymität einer durch ihre Weiblichkeit gekennzeichneten Figur und der Anonymität, die sich einstellt, wenn einzelne in einer Masse verschwinden, eine ausschlaggebende Differenz besteht. Diese Differenz äußert sich in der schwindelerregenden Doppeldeutigkeit, in der die Frau zugleich die Quelle des Begehrens ist, *etwas* zu repräsentieren, und das Medium, durch das sich das Begehren objektiviert. Anders als die einzelnen, die in der Anonymität der vielen verschwinden, steht die imaginierte weibliche Gestalt über der Masse, weil und solange sie jenseits der Realität der vielen steht. Die Traumfrau ist unvergleichlich, sie ist eine Spekulation, die, wie es der

10 Ebd., S. 5.
11 Vgl. Astrid Deuber-Mankowsky: »Geschlecht und Repräsentation. Oder wie das Bild zum Denken kommt«. In: *Die Philosophin* 18/98, S. 24-42.

Gründungsmythos von Zobeide deutlich macht, nicht von dieser Welt ist und gerade deswegen die Zukunft als »Realität« begründet. »Reale« Frauen sind dagegen viele, einzelne, unterschiedliche Frauen. Um der Differenz zwischen diesen vielen, einzelnen, unterschiedlichen, realen und sterblichen Frauen und der imaginierten Traumfrau sprachlich zu entsprechen, unterscheidet Lauretis zwischen *woman* (im Singular) und *women* (im Plural). Dies ist wichtig, weil es für eine sich als kritisch verstehende feministische Deutung der kulturellen Texte, wie Lauretis deutlich macht, darauf ankommt, die Repräsentation in eine Performance zu verwandeln. Es gilt also, den Text durch eine Praxis zu parieren, um über die imaginäre Gestalt der einen Frau hinauszukommen und um so ihren Bann zu brechen. Der Bann dieser imaginären Traumfrau gründet in der gleichen Logik, mit der sie es vermag, das Begehren an sich zu binden: im Versprechen, den Wunsch nach einer »idealen« Realität zu erfüllen. Dieser Logik entspringt nun eine Konkurrenz zwischen der Traumfrau und den einzelnen Frauen um die »wahre« Realität. Sie hat eine Entwertung der Realität der vielen Frauen zur Folge. Diesen Prozeß gilt es, so Lauretis, dadurch aufzuhalten und zu unterbrechen, daß die Entstehungsgeschichte der Traumfrau vorgeführt wird. Diese Geschichte zeigt: Die Traumfrau ist eine Repräsentation, die ganz andere als die Interessen der vielen Frauen repräsentiert. Sie zeigt insbesondere, daß die Frau (im Singular) weder das Vorbild der vielen Frauen ist noch mit ihnen zusammenfällt:

»Die Begriffe der Produktion der Frau als Text, als Bild aufzuführen bedeutet, der Versuchung zu widerstehen, sich mit dem Bild zu identifizieren.«[12]

Das Verhältnis, das zwischen der einen Frau und den

12 Lauretis, *Alice doesn't*, S. 36. »To perform the terms of the production of woman as a text, as image, is to resist identification with that image.«

einzelnen Frauen besteht, gestaltet sich, je genauer man hinschaut, desto komplexer. *Die* Frau ist einzig statt einzeln, unsterblich, unvergleichlich, ideal und universal. Sie steht jenseits der Realität und zieht gerade deswegen das Begehren auf sich. Nun kann sie das aber nur – und es ist genauso paradox, wie es klingt –, wenn sie und weil sie eine Realität jenseits der Realität verspricht.

Dies hat zur Folge, daß zwischen der *»realen«* Realität und der *»idealen«* Realität eine Konkurrenz ausbricht. Diese Konkurrenz haben die einzelnen Frauen mit der einen Frau in einem intellektuell und strategisch höchst anspruchsvollen Streit auszutragen. Denn – und das ist der Punkt, auf den es Lauretis ankommt: *Die* Frau bezieht ihre Realität, indem sie die Differenz zu den Frauen und die Differenzen, die zwischen diesen bestehen, auslöscht. Die auf diese Weise gleichgeschalteten Frauen bilden die Referenz der als Text produzierten Traumfrau. Ohne sie wäre sie nicht alle/s und nichts (keine), also immer mehr als alle einzelnen, sondern nur keine/nichts. Dabei müssen die Körper, in denen sie sich inkarniert, um ihre Unsterblichkeit zu sichern, viele sein, und sie müssen gleich sein.

Diese beunruhigende Konkurrenz um die »wahre Realität« wiederholt sich, wie ich im folgenden zeigen werde, im Verhältnis von Lara Croft zu ihren Models. Allerdings scheint sie hier auf einem neuen Niveau, oder, um in der Terminologie der Spiele zu bleiben, auf einem neuen Level stattzufinden. Dies hat unter anderem damit zu tun, daß in Lara Croft die »als Text produzierte« Frau drei- bzw. vierdimensionale Gestalt angenommen hat und, um einen Ausdruck von Donna Haraway aufzunehmen, zu einem an der Schnittstelle von Automaton und Autonomie entstandenen Cyborg geworden ist.[13]

13 Donna Haraway: *Primate Visions: Gender Race and Nature in the World of Modern Science.* New York 1998, S. 139. Zur Überschneidung

Lara Croft bot den Entwicklern von Core die Folie, auf der und mittels deren die Vision eines Spiels als permanent interaktiven Films realisiert wurde. Dazu wurde nicht nur die zur Verfügung stehende Technik ausgenutzt, sondern es wurden auch neue technische Möglichkeiten geschaffen. Das Team entwickelte eine eigene 3D-Engine und programmierte einen Map-Editor, mit dem quasi »organische« Räume und Bauwerke geschaffen wurden. Für einen Großteil der Bilder wurden »echte« Fotos eingescannt und dann als sogenannte Texturen verwendet, die über die digital hergestellten Polygonobjekte gelegt wurden.

Lara selbst entstand dadurch,

»daß eine Frau an vielen Punkten vermessen wurde, die in den Computer übertragen und entkantet wurden. Danach wurde jede der entstandenen kleinen Flächen mit der richtigen Textur überzogen, so daß der Eindruck unterschiedlicher Stoffe entstand. Die Bewegungen entstanden an einem 3D-Gittermodell, wobei der Computer die vielen Zwischenschritte errechnete. Dadurch, daß der Raum, sowie Lara auch, in Echtzeit berechnet wird, harmonisieren beide gut miteinander. Genauso ist es auch bei den Gegenständen, was den Realitätsgrad wesentlich erhöht.«[14]

Ein mit Musik unterlegtes Eingangsvideo führt in das Spiel ein. Die Handlung reißt einen mit; man ist, wie Randi Gunzenhäuser bemerkt, auf eine »klassische passive Rezeptionshaltung verwiesen wie im Film«.[15] Dann folgt man der Spielfigur mittels einer imaginären Kamera durch die verschiedenen Level. Gelenkt wird sie am PC mit der Tastatur oder mit einem Joystick, an der Konsole

von Automat und Cyborg und zur Geschichte des Begriffs vgl. auch: Horst Bredekamp: »Zur Unausweichlichkeit der Automaten«. In: Pia Müller-Tamm/Katharina Sykora (Hg.): *Puppen – Körper, Automaten. Phantasmen der Moderne.* Düsseldorf 1999, S. 102 ff.

14 »Lara's Homepage«.

15 »Womb Raider«. Inteview mit Randi Gunzenhäuser, S. 52.

Abb. 3: *Polygon Lara*. Lara Croft Magazin 1/99.
© EIDOS Interactive Germany

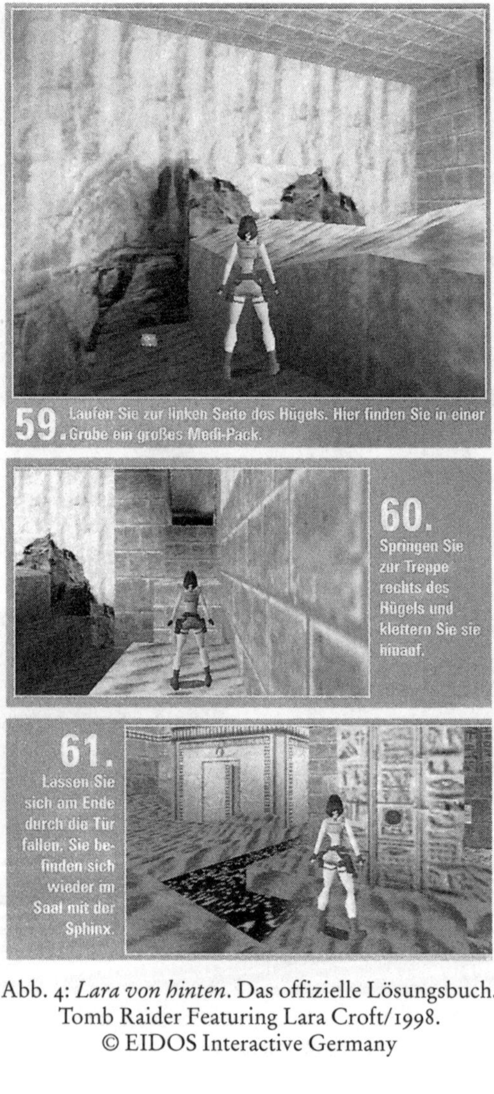

Abb. 4: *Lara von hinten*. Das offizielle Lösungsbuch. Tomb Raider Featuring Lara Croft/1998. © EIDOS Interactive Germany

mit dem Controller. Zu der Innovation der Grafik gehört, daß sich die Perspektive auf die Räume und Gebäude im Einklang mit der Bewegung der imaginären Kamera verändert. Die zwischen den Levels eingespielten Zwischensequenzen heißen »cutscenes«. Lara Croft sieht man im Spiel nur von hinten. Der Blick des Spielers folgt ihr, folgt ihren von ihm manipulierten Bewegungen. Je geschickter er sie lenkt, desto inniger verschmelzen beider Bewegungen. Sie wirkt, wie sie sich anmutig durch alle Gefahren bewegt, grazil. Sie weckt, so heißt es in der Literatur, Beschützerinstinkte bei den männlichen jungen und älteren Spielern. Lara Croft von hinten – dies gehört unter den Fans ebenso zum Mythos wie Lara Crofts kurze und helle Seufzer, wenn sie auf dem Wasser auftaucht oder eines der am Boden liegenden Heilmittel aufhebt.

Der Spieler schaut und sieht die Figur, und er sieht, je virtuoser er spielt, desto mehr mit den Augen der Figur. Das Spiel lebt von dem Blickaustausch zwischen Spieler und Figur, in dem sich die Blicke nicht kreuzen, sondern ineinander übergehen.[16]

Die Botschaft des Video- bzw. Computerspiels »Tomb Raider«, sein Inhalt ist also, um es zusammenzufassen, der interaktive Film. Bei dessen Erfindung spielte Lara Croft den Part jenes Mediums, das die Realisierung dieser Botschaft – ähnlich wie die Frau in dem Traum von Calvinos Geschichte – angestoßen und ermöglicht hat. Es ist also keineswegs ein Zufall, daß das Medium Lara Croft »weiblich« ist.

16 Mike Ward hat die Beobachtung, daß die nur von hinten zu sehende Spielfigur Lara Croft sich dem Blick des Spielers anbietet, während die durch ein Model verkörperte Lara über ihre Sonnenbrille hinweg die Kamera sprichwörtlich niederschaut, zum Ausgangspunkt einer interessanten Analyse des durch den Blick geleiteten Begehrens gemacht. (Mike Ward: »Being Lara Croft, or, We Are All Sci Fi. Popmatters«. Film Critic, http://popmatters.com/features/000114-ward.html [2.4.2000].)

6. Virtuelle Realität

Nun hat bereits McLuhan darauf hingewiesen, daß der Film ein besonderes Medium ist: Der Film bilde die »sensationelle Verbindung der alten mechanischen Technik mit der neuen, elektrischen Welt«.[1] In England wurde er ursprünglich »Bioscope« genannt, weil er die »wirkliche Bewegung der Formen des Lebens visuell darstellt«[2], und zwar so, daß das Mechanische selbst organisch erscheine.[3] Der Film brachte uns, so McLuhan, »durch bloße Beschleunigung der Mechanik, von der Welt der Folge und Verbindung zur Welt der schöpferischen Gestalt und Struktur«.[4] Daraus schließt er: »Die Botschaft des Mediums Film ist die des Übergangs von linearer Verbindung zur Gestalt.«[5] Dieser leichtfüßig daherkommende Satz hat weitreichende Konsequenzen. Denn er besagt nichts anderes, als daß die schnell aufeinanderfolgende Projektion von Bildern Gestalten erscheinen läßt, die organisch wirken.[6] McLuhan zieht daraus die Konsequenz, daß wir mit dem Film zur »allumfassenden Form des Bildsymbols zurückgekehrt seien«.[7]

1 McLuhan, *Die magischen Kanäle*, S. 431.
2 Ebd.
3 Ebd., S. 432.
4 Ebd., S. 29.
5 Ebd.
6 Vgl. Friedrich Kittler: »Romantik – Psychoanalyse – Film: eine Doppelgängergeschichte«. In: *Draculas Vermächtnis. Technische Schriften.* Dresden 1993, S. 81-104.
7 McLuhan, *Die magischen Kanäle*, S. 29. An welche Traditionsstränge diese imaginäre Rückkehr zum Bild anknüpft und welche Folgen sie in bezug auf das Denken der Geschlechterdifferenz zeitigt, hat Christina von Braun in einem Aufsatz mit dem schönen Titel »Das ein-gebildete Geschlecht« dargelegt. (»Das ein-gebildete Geschlecht. Bilderverbot, Bilderverehrung und Geschlechterbilder«. In: Hans Belting/Dietmar

Wenn der Film durch bloße Beschleunigung der Mechanik das Mechanische selbst als organisch, also lebendig, erscheinen läßt, stellt sich die Frage, wie diese Tendenz durch den »permanent interaktiven Film« des Computerspiels potenziert wird. Folgen wir der Geschichte von Lara Croft, so drängt sich die Vermutung auf, daß die Botschaft des interaktiven Films der Übergang von einer Welt der schöpferischen Gestalt und Struktur in eine Welt der autonom agierenden Gestalten und der virtuellen Realität ist.

»Virtuell« ist ein Begriff aus der Optik und bezeichnet »lichtwellentäuschende Bilder«, wie etwa Spiegelbilder. An deren Beispiel hat die Philosophin Sybille Krämer anschaulich erklärt, was man sich unter dem Terminus virtuell vorzustellen hat. Spiegelbilder sind virtuell, weil sie, so Krämer, vortäuschen, »die gespiegelten Objekte befänden sich hinter der Spiegelfläche«.[8] Diese Plazierung der Objekte hinter dem Spiegel bewirkt einen entscheidenden Perspektivenzuwachs: Wir sehen die Objekte von der Seite oder sogar von hinten, können also Wahrnehmungen machen, die ohne Spiegel nicht möglich wären. Um den Ausdruck »virtuelle Welt« bzw. »virtuelle Realität« verstehbar zu machen, schlägt sie des weiteren vor, daß wir uns in einem Gedankenexperiment einen Spiegel vorstellen, »den wir betreten und mit dessen Spiegelwelt wir interagieren können«. Nun setzt eine Interaktion mit Spiegelbildern voraus, daß diese, wie sie in Anlehnung an Umberto Eco weiter ausführt, den Status eines »Zeichenereignisses«[9] haben. Wir können mit anderen Worten erst dann mit lichtwellentäuschenden Bildern in eine Interaktion treten, wenn sie als Zeichen fungieren. Um Zeichen

Kamper [Hg.]: *Der Zweite Blick*. München 2000.)

8 Sybille Krämer: »Zentralperspektive, Kalkül, Virtuelle Realität«. In: Gianni Vattimo/Wolfgang Welsch (Hg.): *Medien – Welten Wirklichkeiten*. München 1998, S. 32.

9 Ebd, S. 33.

zu sein, müssen sie wiederum fixierbar und veränderbar sein. Anders als gewöhnliche Spiegelbilder sind virtuelle Bilder in der Folge symbolische Repräsentationen. Diese Überlegungen zusammenfassend, definiert Krämer virtuelle Realitäten als »eine Technik, interaktive Spiegelungen symbolischer Welten möglich zu machen«.[10] Die neue Perspektive, die aus dieser Art von Spiegel herausspringt, liege im »interaktiven, möglicherweise auch synästhetischen Umgehen mit Datenstrukturen«.[11] Das klingt komplizierter, als es ist, zumindest seit wir den synästhetischen Umgang mit Datenstrukturen in unseren Alltag integriert haben. Es meint z. B. das Sehen und Verändern von dreidimensionalen Bildern am Computerbildschirm, das Hören von Musik aus Lautsprechern, die an den PC angeschlossen und über die Tastatur, die Maus oder etwa ein angeschlossenes Mikrofon manipuliert werden können. Hinter den Bildern verbergen sich ebenso wie hinter den Tönen Datenstrukturen, die mit Hilfe von sogenannten Ausgabeeinheiten wie dem Drucker, dem Bildschirm und dem Lautsprecher in Buchstaben, Bilder und Töne übersetzt werden. Daraus schließt Krämer lakonisch: »Mit virtuellen Realitäten können mögliche Welten sinnlich exploriert werden.«[12]

Damit sind wir an dem Punkt angelangt, an dem die Tücken der sogenannten virtuellen *Realität* (und damit auch die Tücken des virtuellen Geschlechts) ihren Ursprung haben. »Virtuell« ist nicht nur ein Terminus aus der Optik, sondern hat eine zweite Wurzel in der Modallogik. Die Modallogik beschreibt das Verhältnis, in dem die Kategorien »notwendig«, »möglich« und »wirklich« bzw. »zufällig« zueinander stehen. In diesem Kontext

10 Ebd.
11 Ebd.
12 Ebd.

meint »virtuell« den Bereich dessen, was zwar möglich, aber nicht notwendig und insofern zufällig bzw. kontingent ist. Virtuell wäre, wie Elena Esposito ausgeführt hat, der Bereich der »nichtaktualisierten Möglichkeiten«.[13] Wenden wir diese Definition nun auf die Beschreibung an, die Sibylle Krämer für virtuelle Realitäten vorschlägt, so wird deutlich, was an der virtuellen Realität so verstörend ist. Denn wenn virtuelle Realitäten die sinnliche Explorierung von möglichen Welten bedeuten, so stellt sich die Frage, ob nicht in der »sinnlichen Exploration« von möglichen Welten just jene Aktualisierung besteht, deren Nichtvorhandensein Esposito als unterscheidendes Merkmal der Virtualität bestimmt. In dem Moment, in dem Datenstrukturen *sinnlich* exploriert werden, sind sie auch *erfahrbar*. Sie können gesehen, gehört und mit dem entsprechenden technischen Zubehör auch angefaßt werden. Man kann sich in ihnen bewegen, und man wird von ihnen, wie das Beispiel Lara Croft deutlich zeigt, im doppelten Sinn des Wortes – bewegt. Was aber in dieser Weise erfahrbar ist, wurde zumindest bis dahin auch als real bzw. als wirklich wahrgenommen. Mit der Möglichkeit einer wirklichen Interaktion mit virtuellen Welten wird somit nicht nur der Status der Virtualität, sondern auch jener der Realität fragwürdig.

Für Steven Poole, den Autor einer Geschichte des Videospiels, besteht der Unterschied zwischen herkömmlichen, dreidimensional gemalten Bildern und den aus vielen Polygonen – Dreieckskonstruktionen – zusammengesetzten Videospielfiguren darin, daß sich die Polygone im Videospiel bewegen. Damit bilde jedes Videospiel nicht nur einen Raum, sondern zugleich einen Zeitraum ab. Daraus zieht Poole den Schluß, daß jedes 3D-Spiel als

13 Elena Esposito: »Fiktion und Virtualität«. In: Krämer (Hg.), *Medien, Computer, Realität*, S. 269.

vierdimensional begriffen werden müsse. Mit der vierten Dimension kommt nun der Spiegel wieder ins Spiel. Diesmal konfrontiert er uns freilich, wie Poole am Beispiel einer Sequenz aus »Tomb Raider« deutlich macht, von der anderen Seite her mit der Paradoxie der virtuellen Realität. In der zitierten Sequenz sieht sich der Spieler oder die Spielerin plötzlich einer wie aus dem Nichts aufgetauchen Gestalt gegenüber, die alle Bewegungen der Original-Lara perfekt imitiert. Man glaubt sich spontan mit einem Feind konfrontiert und schießt, bis Lara plötzlich vor einem großen Spiegel steht und offensichtlich wird, daß es sich bei dem vermeintlichen Feind um ihr/sein/unser/Laras Spiegelbild handelt, ein Spiegelbild in der Spiegelwelt.[14]

Was wir an diesem Punkt festhalten können: Die Verwandlung von Datenstrukturen in eine sinnlich wahrnehmbare Spiegelwelt führt zu der Tendenz virtueller Welten, ihre Virtualität abzustreifen und Realität anzunehmen. So hat der Eigensinn, mit dem sich der paradoxe Begriff »virtuelle Realität« gegen den Willen ihrer Erschaffer durchsetzte, durchaus seine Berechtigung. Weil einigen Wissenschaftlern am MIT (Massachusetts Institute of Technology in Boston) und an der University of North Carolina der Begriff zu unwissenschaftlich, zu metaphorisch oder gar widersinnig erschien, schlugen sie vor, ihn mit »virtual environment« bzw. »virtual worlds« zu ersetzen. Was sie nicht bedachten oder vielleicht nicht wahrhaben wollten, ist, daß sie mit dieser Umbenennung der dargestellten Paradoxie nicht entkommen. Denn auch »virtuelle Umgebungen« bzw. »virtuelle Welten« »existieren« – und sei es nur als Gegenstand der wissenschaftlichen Betrachtung – erst, wenn sie wahrgenommen wer-

14 Poole, *Trigger Happy*, S. 133.

den und folglich den Status eines Zeichenereignisses angenommen haben. Für die Benutzerinnen und Benutzer sind Zeichen symbolische Repräsentationen. Damit ist die Produktion von virtuellen Welten von Anfang an in den Prozeß der Wahrnehmung und der Symbolisierung eingebunden. Symbolisierungsprozesse wiederum erfolgen, wie wir von Jacques Lacan wissen, auf der Basis von Strukturen des Begehrens. Sie sind untrennbar mit Phantasien und a-rationalen Wünschen verbunden. Es ist also nicht der Begriff »virtuelle Realität«, der zu verwirrenden Spekulationen führt, sondern diese sind vielmehr der Effekt der Techniken der virtuellen Realitäten selbst. Das Verstörende ist der Effekt, der aus der Verknüpfung von Datenstrukturen und Begehrensstrukturen entsteht. Dies läßt sich anhand des Vexierbildes veranschaulichen, in dem Lara Croft einmal ganz profan als Pixelbrei und zugleich als die Phantasie stimulierende Traumfrau erscheint.

Wenn Spiegelbilder oder Projektionen als Zeichen fungieren, mit denen wir interagieren, machen sie sich in gewisser Hinsicht selbständig. Sie treten mit uns ebenso in Kontakt wie wir mit ihnen. Nichts anderes meint »Interaktion mit virtuellen Welten«. Virtuelle Realitäten sind in mehrdeutiger Weise real, zeitigen jedoch eindeutig reale Effekte. Insbesondere an diesen Effekten wird deutlich, daß die Folgen der sogenannten »Visualisierung«, mit denen man die technischen Möglichkeiten bezeichnet, über digitale Medien Bilderwelten zu erzeugen, noch keineswegs hinreichend erfaßt sind. Dieser technische Innovationsschub, in dessen Folge sich der Videospielmarkt entwickelte, wird zur Recht als »second computer revolution« bezeichnet.[15] Das Phänomen Lara Croft kann als

15 Vgl. Nigel Clark: »Rear-View Mirrorshades: The Recursive Generation of the Cyberbody«. In: Mike Featherstone/Roger A. Burrows

eine Folge, gewissermaßen als ein Kind dieser Revolution betrachtet werden.

(Hg.): *Cyberspace, Cyberbodies, Cyberpunk. Cultures of Technological Embodiment*. London/Thousend Oaks/New Dehli 1995, S. 115.

7. Der interaktive Film

Virtuelle Realität ist ein Sammelbegriff für unterschiedliche Techniken, Datenstrukturen sinnlich erfahrbar zu machen. So braucht man, um mit Lara Croft Kontakt aufzunehmen, weder einen Datenanzug überzuziehen noch einen Datenhelm aufzusetzen. Ebensowenig muß man, um ihr zu begegnen, einen sogenannten Cave betreten.[1] Es reicht, um sie zu sehen und zu hören und in das interaktive Filmerlebnis einzutauchen, den Computer oder die Konsole zu bedienen.

Neben den unterschiedlichen Techniken der virtuellen Realitäten gilt es, die Differenzen innerhalb der Spielewelt selbst zu berücksichtigen. Die unterschiedlichen Spiele eröffnen unterschiedliche Formen und Möglichkeiten der Interaktion. »Tomb Raider« ist ein Action-Adventure-Spiel, ein Abenteuerspiel, das nur von einer Spielerin, einem Spieler alleine gespielt werden kann. Es ist kein Rollenspiel und kann nicht, wie z. B. die Folgen von »Baldur's Gate«, an mehreren miteinander vernetzten Computern von mehreren Spielern oder Spielerinnen gleichzeitig gespielt werden. Es hat mit anderen Worten keinen Multiplayer-Modus. Ebensowenig ist »Tomb Raider« netzanschlußfähig. Anders als Spiele wie »Diablo« oder der legendäre »Half Life – Counterstrike« Mod, die im Netz von tausenden Spielern und Spielerinnen aus unterschiedlichen Ländern und Erdteilen gespielt werden, reduziert sich die Interaktion in »Tomb Raider« auf den

1 Der »Cave« ist ein Surround-screen/Surround-sound System, das Immersionen erzeugt, indem 3D-Computer-Grafik in einen Raum projiziert wird, der aus lauter Bildschirmen zusammengesetzt ist. Der Benutzer tragt eine Brille und manchmal einen Handschuh, bewegt sich im Raum und kann nach den Objekten greifen.

User und die Hauptdarstellerin Lara Croft. Die möglichen Erweiterungen sozialer Kompetenzen, die Rollenspiele eröffnen können, in denen hinter den mitspielenden Figuren nicht nur künstliche Agenten (bots), sondern andere Menschen agieren, fallen bei »Tomb Raider« weg.

Welchen Regeln die Interaktion mit Lara Croft folgt, wie sehr sie mit identifikatorischen und narzißtischen Elementen verflochten ist, hat Mike Ward in seinem Artikel »Being Lara Croft, or, We Are All Sci Fi« aus männlicher Perspektive eingängig dargestellt. Bei der unten zitierten Passage geht er von der Frage aus, was das Spielerlebnis mit Lara Croft von jenem mit dem Helden von »Doom« unterscheide. »Doom« ist einer der ersten, Anfang der 90er Jahre entwickelten Egoshooter. Der Spieler schlüpft in den Körper des Helden und nimmt die Umgebung, die Feinde und sich selbst aus dem Blickwinkel der Spielfigur wahr. In »Doom« ist man als Marinesoldat auf den Mars versetzt, wo man in möglichst kurzer Zeit möglichst viele Außerirdische töten muß. Nun liegt der entscheidende Unterschied zwischen diesem und Lara, wie Ward ausführt, neben der reicheren Nuanciertheit der Heldin in der Perspektive auf die Figur. So sieht man von »Dooms« Helden nur einen Arm, der eine phallische, supertödliche Waffe hält, während Lara Croft »selbstsicher in ihrem hüftschwingenden Gang, jedoch gerüstet und potent, wenn sie springt und klettert, mit der Figur eines Rock-Climbers und dem Auftreten einer eleganten Salondame« auftritt. Die Interaktion mit der Figur spielt sich auf verschiedenen Ebenen ab. Sie beginnt mit der Einübung des Spielers in die angemessene Lenkung der Figur. Dazu muß er das Drücken der richtigen Tasten bzw. Knöpfe beherrschen. Angeleitet wird er von Lara Croft selbst. Ihren Anweisungen zu folgen erfordert seine ganze Aufmerksamkeit, Zeit und Geduld. Denn er muß, will er in den Genuß des Spieles kommen, die Bedienung der Spielplattform so weit im Griff haben, daß sie automatisch, reflexartig geschieht und er seine Aufmerksamkeit nun ganz der zweiten Ebene der Interaktion mit Lara Croft widmen kann. Diese führt ihn, wie Mike Ward sehr schön darstellt, in den Genuß eines einzigartigen narzißtischen Pakts:

»Lara beherrscht freeclimbing, kann kriechen, rückwärts springen, Saltos vorwärts und rückwärts machen, sich unter Minendrähten entlangrobben. Der Spieler muß lernen, diese Dinge zu ›tun‹, und selbst wenn Lara den ständig-gegenwärtigen Blick nie wendet, zeigt sie doch auf anderen Wegen, daß sie den Spieler wahrnimmt: Ihr einziges gesprochenes Wort ist ein kurzangebundenes, leicht ungeduldiges ›Nein‹, wenn du versuchst, sie eine Bewegung ausführen zu lassen, die nicht möglich ist. Dem Anfänger, der sich in einem toten Punkt verfangen hat, scheint in der Art, wie sie steht und atmet, eine frustrierte Potentialität zum Ausdruck zu kommen, da die Unfähigkeit des Users all ihre Beweglichkeit und Tödlichkeit niederhält. In ihrer gelassenen Ungeduld leitet sie an. Möglicherweise verschwindet die Ungeduld, wenn die ctrl-, alt-, ins- und andern Tasten zur zweiten Natur werden. Dann gibt es keine Sackgassen mehr, sondern nur eine flüssige, reflexgesteuerte Verbindung, eine Virtuosität, die Lara und den Spieler in einem Körper zu verschmelzen scheint, so daß der Ursprung ihrer Bewegungen nicht mehr auszumachen ist.

Und selbst wenn sie meine Banalität, meine Gewöhnlichkeit verkörpert, so ist sie immer noch schön. Der Blick (gaze) des Spielers ist ein seltsamer geschlossener Kreis von begehrlichem Schauen (desiring look) und schöner, machtvoller Darstellung. Tatsächlich sind Blick (look) und Darstellung ein und dasselbe, verbunden zu einem einzigen narzißtischen Pakt, der sicherer und symmetrischer ist als alles, was Leopold von Sacher sich hätte träumen lassen können.

Verdammt! Kein Wunder, daß sie so populär ist!«[2]

2 Ward, »Being Lara Croft«.

Die Verschmelzung mit der Traumfrau setzt die Verschmelzung mit der Maschine voraus, und als winkende Belohnung setzt sie die dazu notwendige Einübung in Gang.

Die Perspektive des sogenannten »third person 3D stile« fügt dem Spiel- das Filmerlebnis hinzu. Sie ist, wie Steven Poole bemerkt, nicht mehr, wie jene des Egoshooters »Doom«, der Malerei entlehnt, sondern entstammt dem Kino. Die Perspektive des »third person 3D stils« ist, wie Poole ausführt, die Perspektive der Kamera:

> »Der Blickwinkel des Spielers ist explizit als jener einer Kamera definiert, deren Bewegungen kontrolliert werden können, so als ob der Spieler ein Phantomregisseur wäre, der sich auf einem unsichtbaren Kran bewegt.«[3]

Ward fokussiert seine Analyse folgerichtig auf den Blick und stützt sich dabei auf feministische Filmtheorien über das Verhältnis von Schaulust und kinematographischem Apparat im Hollywoodfilm. Dabei spielen Voyeurismus und Fetischismus in ihrem sich ergänzenden Zusammenspiel eine zentrale Rolle. Anders als Strategie- und Rollenspiele, die speziell für den PC entwickelt wurden, entstand »Tomb Raider« in seiner grafischen Gestaltung ebenso wie hinsichtlich der Skriptgestaltung in enger Anlehnung an den Hollywoodfilm, und zwar mit dem erklärten Ziel, einen »interaktiven Film« zu produzieren. Darauf weist nicht nur die mediale Vaterschaft von Indiana Jones hin, sondern auch die ebenfalls bereits erwähnte passive Rezeptionshaltung. Ihre Vollendung fin-

3 Poole, *Trigger Happy*, S. 133. Poole betont, daß in keinem Spiel die Nähe zum Film so groß ist wie in »Tomb Raider«, zieht jedoch keine weiteren Schlüsse daraus. Anders als Mike Ward hat er keinen Sinn für die strukturelle Bedeutung der Geschlechterdifferenz für den Kinoapparat. So entgeht ihm die mediale Logik, die das Kino mit dem Videospiel verbindet, ebenso wie das Spezifikum des interaktiven Films (S. 65 ff.).

det diese Nähe zum Hollywoodfilm freilich in der Gestalt der weiblichen Heldin Lara Croft selber, die wie eine Auferstehung des weiblichen Stars im neuen Medium wirkt. Damit lebt »Tomb Raider« auch mehr von der Einverleibung des Mediums Film als andere Action-Adventure-Spiele. Über die weibliche Heldin knüpft es an ein vertrautes Medium und eine bekannte Rezeptionshaltung an. Das Spiel reaktiviert mit den Techniken der neuen Medien und deren Fähigkeit, digitale Bilderwelten zu erzeugen, die Klaviatur der im Kino eingeübten Wahrnehmungsweisen. Es rekurriert auf den (Hollywood-)-Kinoblick, der nicht nur auf einer konservativen Wahrnehmung des Unterschiedes von männlich und weiblich beruht, sondern, wie die feministische Filmkritik der letzten 25 Jahre gezeigt hat, die hergebrachte Geschlechtermetaphysik auf einem neuen Abstraktionsniveau festschreibt. »Sehen« wird in dieser Wahrnehmungsordnung als männlich imaginiert und konstituiert die Position des Zuschauers als männliche. »Gesehen werden« kennzeichnet dagegen die Position, die vom Bild der Frau repräsentiert wird. Dabei handelt es sich bei diesem »Blickfang« just um jene Kunstfrau, die Teresa de Lauretis als Spekulation beschreibt und der sie die vielen Frauen gegenüberstellt. Überflüssig zu betonen, daß die männliche Seite zugleich Autonomie, Aktivität, Formgebung und Identität evoziert, während Weiblichkeit für deren Gegenpole: Heteronomie, Passivität und – wie weiland bei Aristoteles die Materie[4] – für die Medialität selbst einsteht. Laura Mulvey hat in ihrem einschlägigen Essay »Visual Pleasure and narrative Cinema«[5] aus dem Jahr 1975 aus-

4 Deuber-Mankowsky, »Geschlecht und Repräsentation«, S. 33 ff.
5 Laura Mulvey: »Visuelle Lust und narratives Kino«. Aus dem Englischen von Karola Gramann. In: Liliane Weissberg (Hg.): *Weiblichkeit als Maskerade.* Frankfurt/M. 1994, S. 48-66.

geführt, daß und wie das narrative Kino die Position des (aktiven) Blicks des Mannes auf dem Begriff der Frau als (passiven) Materials begründet. Sie geht davon aus, daß das Kino die Schaulust, den ursprünglichen Wunsch nach lustvollem Betrachten erfüllt und zugleich das narzißtische Moment entfacht, das der Schaulust entspringt. Das Kino deckt damit zwei gegensätzliche Strukturen des lustbringenden Schauens ab. Die erste ist die voyeuristische Lust, die zweite die narzißtische Lust. Diese letztere erwächst aus der Identifikation mit dem gesehenen Bild. Um die Verbindung der Schaulust mit dem Narzißmus zu erklären, bezieht sich Mulvey auf Jacques Lacans Deutung des Spiegelstadiums als Bildner der Ichfunktion.[6] Im Spiegelstadium sieht das Kind, wie Lacan ausgeführt hat, sich selbst als Bild. Das heißt, es nimmt sich im Spiegelbild selbst als Ganzes, als vollkommene, als »runde« Gestalt wahr. Diesem Sich-als-Bild-Sehen ist jedoch ein strukturelles Sich-Verkennen inhärent, denn das Kind *ist* nicht die Vollkommenheit, die es im Bild von sich gespiegelt sieht. Es ist jenseits des Spiegels nach wie vor bedürftig und von der Mutter abhängig, unfähig, die im Bild gespiegelte Abgegrenztheit und Autonomie zu realisieren. Zugleich ist die Vollkommenheit, in der sich das Kind beim lustvollen Betrachten des Spiegelbildes wähnt, jedoch notwendig für seine Entwicklung. Das Moment der Verkennung wird damit für Lacan zu einem unabdingbaren Faktor der Ich-Bildung. Nun ist für die Übertragung der narzißtischen Schaulust auf das Kino nach Mulvey ausschlaggebend, daß die Matrix des Imaginären durch ein *Bild* konstituiert wird. Denn erst unter dieser Voraus-

6 Lacan, Jacques: »Das Spiegelstadium als Bildner der Ichfunktion, wie sie uns in der psychoanalytischen Erfahrung erscheint«. Bericht für den 16. Internationalen Kongreß für Psychoanalyse in Zürich am 17. Juli 1949. Aus dem Französischen von Peter Stehlin. In: Ders.: *Schriften* I, Frankfurt/M. 1975, S. 61-71.

setzung wird erklärbar, wie das Bild der Frau beide gegensätzlichen Strukturen des lustbringenden Schauens, die voyeuristische *und* die narzißtische Lust, befriedigen kann: Es befriedigt die voyeuristische Lust, insofern es gesehenes Objekt ist. Hier liegt der Fokus auf der abgebildeten Frau, wobei die Frau als Objekt und Stimulans der sexuellen Lust benutzt wird. Und es entfacht die narzißtische Lust, insofern es die Vollkommenheit des Spiegelbildes wiedergibt. Im Zentrum steht hier die übernatürliche Schönheit des weiblichen Stars, wie sie etwa Marlene Dietrich repräsentiert. In dieser Schönheit repräsentiert die Frau das Bild im Sinne jener Matrix, die das Imaginäre konstituiert. Diese Doppeldeutigkeit kann das Filmbild, wie Mulvey ausführt, nur als das *weibliche* Bild erfüllen. Denn nur dieses Bild repräsentiert den traumatischen Moment der Kastrationsdrohung, der dem Fetischismus vorausgeht und die dargestellte doppeldeutige Besetzung der Bilder entfacht. Die Frau ist in der Perspektive des Blicks, den das narrative Kino definiert, also Objekt der voyeuristischen Lust und repräsentiert zugleich das im gesehenen Bild erschienene Ich-Ideal des Spiegelstadiums. Sie repräsentiert in ihrer vollkommenen Schönheit das, was sie nicht hat: den weiblichen Phallus. Sie wird zum leibhaftigen Fetisch, der, wie Freud so treffend bemerkt hat, »aus Gegensätzen doppelt geknüpft«[7], besonders gut halte.

Diese »Erbschaft« ist in das Phänomen Lara Croft eingegangen. Man braucht, um das offensichtlich Zweideutige ihrer Erscheinung zu unterstreichen, nur an den berühmt gewordenen schwarzen Zopf erinnern, der bei ihren Bewegungen gegenläufig hin- und herschwingt. Er hat in nicht unbeträchtlichem Maße zum Erfolg des Spiels

7 Sigmund Freud: »Fetischismus«. In: Ders.: *Gesammelte Werke.* Band X. Frankfurt/M. 1999, S. 316.

und der Figur beigetragen. Die Verwandtschaft mit dem Film verankerte vertraute Rezeptionshaltungen im neuen Medium und brachte eben dadurch das neue Medium einem größeren Publikum nahe. Dabei wäre der erzielte Wiedererkennungseffekt ohne die weibliche Heldin nicht erreicht worden. Lara Croft wurde zum Star, weil »Tomb Raider« als interaktiver wie ein potenzierter Film wirkte und somit – anders als die komplizierteren und weit weniger vertrauten Welten von Spielen wie »Baldur's Gate« – die Welt der Computerspiele über den Rekurs auf den Film an bekannte Rezeptionsmuster anschlußfähig machte. Und sie konnte um so leichter zum Star werden, als sie mit den überdimensionierten weiblichen Attributen die Voraussetzungen zum Star bereits mitbrachte. Man sieht, wie raffiniert das Medium Lara Croft seine Botschaft – den interaktiven Film – an den Mann und, wie wir noch näher sehen werden, auch an die Frau brachte.

Folgt man Wards Darstellung, so gründet der Reiz des Spiels mit Lara Croft in einer noch raffinierteren Kombination von Gegensätzen, die, zu einem Fetisch geknüpft, den Spieler in einen geschlossenen Kreislauf von Narzißmus und Voyeurismus einbinden. Damit potenziert der interaktive Film die Bindung des Schauenden/Spielenden an das gesehene Objekt. Er treibt sie bis zu jenem Grad, an dem die Unterscheidung zwischen Schauendem/Sehendem und gesehenem Objekt selbst durchbrochen ist. An diesem Punkt sieht man und wird gesehen, man sieht sich im gesehenen Objekt selbst: Mehr noch, man sieht in ihm das eigene, bessere, das wahre Selbst. Schaulust und Exhibitionismus fallen zusammen. Man ist Mann und Frau zugleich. Man genügt sich selbst.

Zur Illustration sei ein kurzer Dialog zweier Spieler aus dem Internet zitiert:

»›Und zu Lara Croft: Ja, sie hat dicke Titten, aber das Spiel ist trotzdem durchdacht und lebt nicht bloß von den Monstertitten!‹ ›Finde ich auch. Sie hat auch einen wundervollen und flüssig animierten Pferdeschwanz! (seufz).‹«[8]

Die Interaktion mit Lara Croft stimmt, so läßt sich zusammenfassen, das mit dem Kino vertraute Publikum auf das Medium des Computers ein. Diese Einstimmung geschieht in Anknüpfung an die passive Rezeptionshaltung des Kinos. Dabei müssen sich die Spieler und Spielerinnen diese Haltung jedoch durch eine vorgängige aktive Einübung in die Bedienung des neuen Mediums erst aneignen. Als realer Genuß kann das auf eine passive Rezeption hin angelegte Spiel erst dann erlebt werden, wenn die Bedienung der Tastatur bzw. des Controllers so virtuos erfolgt, daß sie quasi aus dem Bewußtsein verschwindet. Mit diesem Bewußtsein wird zugleich das Wissen dem Verschwinden anheim gegeben, daß man es bei Lara Croft mit einer synästhetischen Umsetzung von Datenstrukturen zu tun hat. Die Verschmelzung mit der Maschine ist nicht nur die Bedingung, um in den Genuß des von Ward geschilderten narzißtischen Pakts zu gelangen. Sie setzt und hält zugleich ein aktives Vergessen der medialen bzw. maschinellen Bedingtheit der Traumfrau und des narzißtischen Genusses in Gang, den ihre Anwesenheit gewährt.

Erscheinen, wie McLuhan ausgeführt hat, die Gestalten auf der Kinoleinwand als lebendig, so beanspruchen die *virtuellen* Gestalten des weiteren, wie Haraways Rede vom Cyborg an der Schnittstelle von Automaton und Autonomie nahelegt, Autonomie und damit ein *eigenes* Leben. Sie treten aus der Hardware heraus und erheben Anspruch auf die Realität jenseits des Bildschirms. Daß

8 Heise online: http://www.heise.de/bin/tp/forum/get/telepolis/5958/5/1.html?outline=-1.

sie dies tun, liegt in der Logik, die sich in der Technik der virtuellen Realitäten verbirgt und die darin besteht, »interaktive Spiegelungen von symbolischen Welten möglich zu machen«.

Diese Technik setzt zu ihrem Funktionieren eine Spaltung des auf den Bildschirm schauenden Subjektes in Gang. In der Welt hinter dem Schirm begegnen ihm Gestalten, die ihr Entstehen einem Zeichenereignis verdanken und dennoch mehr/anderes sind als Zeichen. Es sind Gestalten, die, an der Schnittstelle von Automaton und Autonomie entstanden, selbsttätig agieren. Sie werden zu Vertrauten. So heißt es etwa in einem »Star-Portrait« von Lara Croft:

»Lara Croft ist eine Zauberfrau. Aber vielen ist dieses Mädchen vertrauter als selbst gute Bekannte und realer als die meisten Verwandten.«[9]

Tatsächlich sind die virtuellen Gestalten als Projektionsfläche diverser Wunschphantasien für ihre Fans nicht nur »menschlicher« als viele Mitmenschen, sondern haben diesen einen weiteren entscheidenden Vorteil voraus: Sie sind selbst in blutigsten Kämpfen nicht *wirklich* verletzlich bzw. überstehen jede Verletzung; sie leben, ohne *wirklich* sterblich zu sein, bzw. haben viele Leben und sind zu unendlichen Wiederauferstehungen in der Lage. So antwortete die virtuelle Lara in einem ihrer ersten Interviews auf die Frage, wie sie sich damit zurechtfinde, eine imaginäre Gestalt zu sein:

»Also, es verleiht mir einen Touch Unsterblichkeit. Außerdem glaube ich, daß die Grafiker von Core Design mir ein ziemlich attraktives Aussehen gegeben haben, meinen Sie nicht? Trotzdem kommt es mir immer noch ungewöhnlich vor, mein Gesicht auf

9 »Cyberstar«: http://www.cyberstar (7. 7. 1999).

den Titelseiten von Computermagazinen zu sehen, aber ich werde mich daran gewöhnen.«[10]

Dieser Touch Unsterblichkeit in einem schönen weiblichen Körper kommt auch weiblichen Ermächtigungsphantasien entgegen. Um die »männliche« Position des Zuschauers einzunehmen, braucht man mit anderen Worten kein Mann zu sein.[11] Daraus läßt sich jedoch nicht der Umkehrschluß ziehen, daß das Geschlecht keine Rolle spiele. Nicht jeder Film und nicht jedes Action-Adventure-Spiel öffnet sowohl Jungen wie Mädchen, Frauen wie Männern Identifikationsangebote. Vielmehr ist es die besondere Kunst Lara Crofts, beiden Geschlechtern ihr »wahres«, ihr »besseres Selbst« widerzuspiegeln und dadurch Jungen bzw. Männer ebenso in ihrer Identität zu bestärken wie Mädchen bzw. Frauen.

Dabei ist für Mädchen, wie Angela McRobbie überzeugend dargelegt hat, besonders wichtig, daß Lara Croft »nie in bezug auf den ›männlichen Blick‹ über ihre Stellung oder Identität oder ihr Bild reflektieren« muß.[12] Damit sei sie, ebenso wie die Spielerinnen, die sich mit ihr

10 »Interview with Lara Croft«: http://www.cubeit.com/ctimes/press (2. 4. 2000): »Well, it gives me a touch of immortality. I also think that the graphics people from Core Design have given me quite an attractive look – don't you think so? Although it still feels unusual to me to see my face on the title pages of computer magazines, I'm getting used to it.«

11 Vgl. Mary Ann Doane: »Film und Maskerade: Zur Theorie des weiblichen Zuschauers«. Aus dem Englischen von Eva-Maria Warth und Gabriele Kreutzner. In: Liliane Weissberg (Hg.): *Weiblichkeit als Maskerade*. Frankfurt/M. 1994, S. 48-66. Doane antwortet in diesem Aufsatz auf eine Frage, die Mulveys Analyse aufwirft und unbeantwortet läßt: Wie, wenn die Frau das (Film-) Bild repräsentiert, die (unmögliche) Position der Zuschauerinnen zu beschreiben sei und worauf ihre Schaulust basiert. Doanes Thesen haben zu weiteren Diskussionen und alternativen Konzepten Anlaß gegeben. Vgl. Teresa de Lauretis: *Die andere Szene. Psychoanalyse und lesbische Sexualität*. Aus dem Englischen von Karin Wördemann. Berlin 1996.

12 McRobbie, »Codierung von Weiblichkeit in den 90ern«, S. 12.

identifizieren, befreit vom männlichen kontrollierenden Blick. Die Interaktion spielt sich somit in einem privaten Raum und in einer analogen Intimität mit der Figur ab wie bei den männlichen Spielern. Wie sich diese Interaktion aus weiblicher Perspektive im Detail gestaltet, hat die Literatur- und Medienwissenschaftlerin Randi Gunzenhäuser in einem Interview folgendermaßen beschrieben:

»Lara steht dafür ein, daß ich mit ihr immer wieder üben kann, um schließlich mit ihr auf die nächste Stufe vorzurücken [...]. Sie bekommen positive Kicks und ein positives Feedback: ich schaffe es, zum nächsten Level aufzusteigen, ich schaffe es ... Das ist gerade in der Pubertät, aber durchaus auch später wichtig, wenn man gegen Verunsicherungen ankämpfen muß.«[13]

Die Bedeutung, die das Moment der Sicherheit im identifikatorischen Prozeß der Spiegelung innehat, führt sie weiter aus, indem sie die Autonomie, die Aktivität, den Abenteuermut, vor allem jedoch die Unabhängigkeit der Heldin herausstellt. Lara Croft besitze alle diese Fähigkeiten und sei dazu noch eine Frau – und damit besser als jeder männliche Held. Die erwähnten Eigenschaften fungieren in der Tabelle des heterosexuellen Dualismus unter dem Stichwort »männlich«. Ihre Aneignung durch Lara Croft macht die Männer, zumindest in der Form, wie sie die Ordnung der Geschlechter hervorbringt, überflüssig. Ähnlich wie für den männlichen Spieler gestaltet sich auch für die Spielerin die Interaktivität mit Lara Croft als ein geschlossener Kreislauf. Die Spielerin ist – wie der Spieler – zugleich Mann und Frau:

»Mädchen und Frauen – und da nehme ich mich gar nicht aus – vermittelt Lara ein zusätzliches Gefühl von Sicherheit. Für viele, mit denen ich gesprochen habe, ist wichtig, daß Lara völlig unabhängig ist, daß sie als Frau erfolgreich Abenteuer besteht, daß sie

13 »Womb Raider«. Interview mit Randi Gunzenhäuser, S. 49.

im Abenteuerraum heroische Leistungen vollbringt, aber daheim ein Flop ist. Da gehört sie nicht hin. Sie gehört in die große, weite Welt: in den Dschungel, in Höhlen und ins Gebirge, also überall da hin, wo es gefährlich ist und wo eine Frau auch heutzutage noch nicht ohne weiteres hinkommt. Lara schlägt sich in einer Männerwelt durch. Ihre Abenteuer sind die eines James Bond und Indiana Jones, eindeutig Männerabenteuer. Sie ist besser als diese männlichen Helden. Wollen wir das nicht alle gern mal sein?«[14]

Als besserer Mann steht Lara Croft in der Wahrnehmung Gunzenhäusers für das Modell eines weiblichen Ideals. Darin wird deutlich, daß die Verweigerung des Hausfrauenideals zwar die Ausrichtung des Ideals an anderen Normen ermöglicht, wie an den erwähnten traditionell männlich besetzen Werten der Unabhängigkeit, des Mutes, des Heldischen ..., jedoch an der strukturell dualistisch ausgerichteten Geschlechterordnung nichts ändert. Selbst wenn sie ihren Mann steht, ist Lara Croft doch eine Frau. Dabei bleibt die Hierarchie der Werte ebenso unangetastet wie deren Fundierung im Geschlechterverhältnis. Lara Croft ist eine Frau mit männlichem Charakter. Daß sie einen männlichen Charakter hat, erkennt man an ihrer Abenteuerlust, an ihrer Autonomie, an ihrem Handeln; daß sie eine Frau ist, sieht man ihr an. Ihr Frausein reduziert sich, wiederum in sehr traditioneller Weise, auf ihre »überdimensionierten weiblichen Attribute«. Man sieht ihr die Weiblichkeit an, selbst wenn ihr Verhalten durch und durch männlich ist. So reproduziert das Phänomen Lara Croft auch jenes Gesetz, das Weiblichkeit an den Körper bindet, mehr noch, mit dem Körper identifiziert. Bedenkt man, daß es sich bei der Figur um eine *virtuelle* und damit ganz und gar »unkörperliche« Gestalt handelt, grenzt dies wahrlich an ein Wunder.

14 Ebd., S. 50.

In ihrer Anwort auf die Frage, für welche Art von Feminismus Lara Croft stehen könne, wird schließlich vollends deutlich, wie sehr der narzißtische Pakt, der die Spielerin an die virtuelle Figur bindet, jenem gleicht, den Mike Ward aus seiner männlichen Perspektive als (Über)-Erfüllung sado-masochistischer Träume beschreibt. Lara Croft vermittle, so Gunzenhäuser, die Idee, daß frau alles einsetzen müsse, was sie hat, um zu überleben:

»Laras Verhältnis zu ihrer Umwelt finde ich interessant in diesem Zusammenhang. Ich finde toll, wie sie gegen Wände rennt; das Geräusch, das sie dabei macht, klingt wie ein energisches Stöhnen, als ob sie Kraft sammelt, wie ein kämpferisches Stöhnen. Lara gibt nicht auf. Sie hat eine ungeheure Energie, eine Spannkraft, die sie immer wieder zurückschnellen läßt. Du kannst sie also immer wieder gegen die Wand rennen lassen, das macht ihr nichts aus. Für sie existieren keine Schmerzen oder Rückschläge, das ist faszinierend.

In diesem Sinn kann Lara als positives Beispiel für einen wichtigen feministischen Grundsatz dienen: Nie aufgeben.«[15]

Doch läßt diese Beschreibung nicht eher die Vergeblichkeit und die Aussichtslosigkeit eines so verstandenen Feminismus vermuten?

15 Ebd., S. 51.

8. Medialisierung der Körper

Ich werde nun am Beispiel des Verhältnisses von Lara Croft zu ihren Models die Dynamik veranschaulichen, die der Prozeß einer »imaginären Illusion« im Umgang mit virtuellen Gestalten in Gang setzten kann. Eine »imaginäre Illusion« ist die Identifikation mit einem dezentrierten Bild. Ein dezentriertes Bild ist vieldeutig und steht in einem undeutlichen Verhältnis zu dem, was es abbildet und wie es dieses abbildet. Die »imaginäre Illusion« endet nicht in dem von Mike Ward beschriebenen narzißtischen Pakt, sondern verleiht der virtuellen Gestalt darüber hinaus den Status der realgewordenen Traumfrau, der wir im eingangs zitierten Gedicht begegnet sind. Wie also wird die Computerfigur, der »Pixelbrei« zur fleischgewordenen Idealfrau?

Die Verwandlung folgt jenem Prozeß, den Teresa de Lauretis mit Hilfe der Unterscheidung der Frau im Singular und den vielen Frauen im Plural beschreibt. Dabei geht die virtuelle Gestalt Lara Croft freilich einen entscheidenden Schritt weiter als die im Filmbild erscheinende »Woman«. So endet der Identifikationsprozeß nicht bei der imaginären Unterwerfung der vielen unter die als Vorbild fungierende abstrakte Idealfrau. Lara Croft tritt aus dem imaginären Bildraum hinaus, um in den Körpern der vielen Frauen »reale« Gestalt anzunehmen. Damit untermauert sie nicht nur das Phantasma einer erfüllten, idealen Realität, sondern auch die heterosexuelle Geschlechtermetaphysik als Teil dieses Phantasmas. Gegenläufig zu den feministischen Hoffnungen, die Randi Gunzenhäuser oder die Emma-Redakteurin mit der Spielfigur verknüpfen, unterstützt das Phänomen

Lara Croft die Reduktion der Frauen auf ihren (weiblichen) Körper.

Nachdem Lara Croft zugleich als Spielfigur auf Computer- bzw. Fernsehschirmen und als Werbefigur auf diversen Plakaten und Werbeinseraten erschienen war, dauerte es nicht lange, bis die Werbemanager von Eidos auf die Idee kamen, die künstliche, aus idealisierten Bildern von verschiedenen Frauenkörpern zusammengesetze Lara in realen Frauen zu inkarnieren.

»Wer verkörpert Lara Croft am besten?« Diese Frage brachte zahlreiche junge Frauen dazu, sich in einem Wettbewerb als Modell für Lara Croft zu bewerben, und ermunterte zugleich die Fans, ihre Stimme für jene Frau abzugeben, deren im Netz veröffentlichte Fotos sie am meisten an Lara Croft erinnerten. Die erste originale Lara Croft hieß Natalie Cook. Von ihr ist nicht viel bekannt; mehr dafür von Rhona Mitra, ihrer Nachfolgerin. Sie soll von Eidos abgesetzt worden sein, als sie begann, sich mit Lara zu identifizieren, statt sich damit zu begnügen, dem Idol ihren Körper zu leihen. Die 21jährige Rhona Mithra hatte sich ihre Brüste von ihrem Vater, einem Chirurgen, auf die Maße von Lara Croft erweitern lassen, um dem Vorbild näher zu sein. Als sie in einem Interview sagte:

»Ich verstehe Menschen, die beunruhigt sind, daß dieser perfekte Charakter zum Leben gebracht werden soll. Aber ich weiß, daß ich Lara Croft bin und daß es gut sein wird«[1],

war ihre Zeit schon abgelaufen. Eidos und Core hatten bereits zwei andere Models zu den originalen Lara-Models erkoren: Die Französin Vanessa Demouys und die Engländerin Nell McAndrew, die inzwischen längst von wieder anderen abgelöst wurden. Die Manager von Eidos

1 Zitiert in: MissKris: »Lara Croft. Feminist Media Critique and Audience Response«: http://www.tombraiders.com/lara_croft/Essays/MissKris/default.htm (27. 3. 2000).

bzw. Lara achteten sorgfältig darauf, daß keine der vielen Frauen einen Besitzanspruch auf den perfekten Charakter von Lara erheben konnte. Es sollte nicht eine von ihnen den Status einer Traumfrau erwerben. Lara sollte vielmehr über allen stehen und nicht mit einer von ihnen zusammenfallen. Das heißt umgekehrt, keines von den Models ist mehr als ihr Körper, der, den Maßen von Lara Croft angepaßt, dieser zum Leben verhelfen soll. Um zu vermeiden, daß die »wahre«, die unsterbliche Lara unerwünschte Konkurrenz von ihren Verkörperungen erhielt, indem sie etwa mit diesen »verwechselt« wurde, durfte keine der jungen Frauen länger als ein Jahr als offizielles Lara-Croft-Model auftreten.

Zu dieser Politik gehörte des weiteren, daß Lara Croft aus den Körperteilen von unterschiedlichen Frauen zusammengesetzt wurde. Von der einen stammt die Stimme, von einer anderen die Arme, wieder von einer anderen die Beine, wieder von einer anderen die Brüste ... So kann keine den Anspruch auf Originalität erheben.

Die offiziellen Models geben Autogramme und Interviews und lassen sich für eine Promotionsveranstaltung auch schon einmal von Kopf bis Fuß mit Metallfarbe anstreichen, um als lebende Lara-Croft-Platinstatue aufzutreten. Was die arme Lara Weller durchmachte, die als aktuelles Model ihren Körper dafür zur Verfügung stellte, konnten die Lara-Croft-Fans schon an nächsten Tag im Netz verfolgen.[2]

Die Bilder der Models machen ersichtlich, worauf es ankommt. Es galt, der imaginären Lara Croft über den geliehenen Körper eine Referenz und damit dem Ideal eine »erfüllte Realität« zu verschaffen. Nun ist es bezeichnend, daß die Models nicht die Werbefigur darstell-

2 »Lara in Platin«. *The Croft Times*: http://international.ctimes.net/german/cover139.htm (27. 3. 2000).

Abb. 5: *Lara Croft Spielfigur.*
Das offizielle Lösungsbuch.
Tomb Raider
Featuring Lara Croft/1998.
© EIDOS Interactive Germany

Abb. 6: *Lara Croft Model.*
Lara Croft Magazin 1/99.
© EIDOS Interactive Germany

ten, sondern Lara, die Spielfigur. So mußte McAndrew für das Foto nicht nur im originalen Lara-Croft-Anzug auftreten, sondern auch die Zähne genauso fletschen, wie es das Vorbild in »Tomb Raider II« tut. Das Zähnefletschen wurde als eine der wichtigen technischen Innovationen gegenüber »Tomb Raider I« gefeiert, in dem Lara noch keine Miene verziehen konnte. Wäre McAndrew statt im lindengrünen Croft-Kostüm im Bikini oder im kleinen Schwarzen aufgetreten, hätte sie als sie selbst oder irgendein Model durchgehen können. Sie wäre nicht unmittelbar als Lara Croft erkannt worden. Genau von diesem unmittelbaren Wiedererkennungseffekt hängt jedoch die Produktion einer Illusion ab, die als imaginäre funktioniert.

Die Models leihen der virtuellen Gestalt ihren Körper und machen damit die »imaginäre Ilusion« perfekt. Sie endet in einer »imaginären Schließung«, in der die Kunstfrau ihren fiktionalen, illusionären Charakter verliert und zur Repräsentantin einer idealen Realität wird. Diese Vollendung der »imaginären Illusion« bewirkt, daß die Bilder der Werbe-Lara wie Fotos und damit wie Abbilder einer real existierenden virtuellen Gestalt wirken. Das Verhältnis von Lara Croft und ihren Models läßt sich somit auf folgende Formel bringen: Die imaginäre Lara kann sich in umgekehrt proportionaler Entfernung zu der Exaktheit, mit der sie von den Models als Spielfigur kopiert wird, von ihrem eigenen Original entfernen, um dennoch als unsterbliche Lara erkennbar zu bleiben.

Die Geschichte Laras und ihrer Models folgt der Logik, die in den von Krämer als Technik beschriebenen »virtuellen Realitäten« als »interaktiven Spiegelungen symbolischer Welten« angelegt ist. Sie beruht des weiteren auf der Reduzierung der Mehrdeutigkeit des Begriffs des Virtuellen. Die mehrfache Ursprünglichkeit der virtuellen Gestalt wird verdeckt, indem ihr über die Inkarnation in den Körpern von vielen Frauen eine »erfüllte Realität« verliehen wird. Damit wird nicht nur das Phantasma einer idealen Realität untermauert, sondern auch die diesem Phantasma inhärente Entwertung jener alltäglichen Realität vorangetrieben, die uns mit anderen verbindet und an unsere Grenzen erinnert. Tatsächlich hatte die »Verlebendigung« von Lara Croft eine Verkehrung des Verhältnisses von Original bzw. Vorbild und Abbild zur Folge. Die realen Körper wurden in einer perversen Weise zu bloßen Abbildern, die das vermeintliche Original – die Traumfrau – nie erreichen konnten.

Wenn die virtuelle Lara das wahre Leben verkörpert, so ist es konsequent, daß die Interaktion mit Lara Croft auch außerhalb des Spiels nicht über die Models, sondern unmittelbar mit der virtuellen Gestalt selbst stattfindet.

Abb. 7: *Brigitte: Lara mit Emotionen.*
Lara Croft Magazin 1/99. © EIDOS Interactive Germany

So trat im Werbespot der Zeitschrift *Brigitte* nicht ein Model als Lara Croft auf, vielmehr erschien die unter größtem technischen Aufwand hergestellte virtuelle Figur höchstpersönlich auf dem Bildschirm, um dort von einer weißen Hochzeit zu träumen.

Allein in der Realität ihrer Virtualität war sie auch für die irischen Superstars von U2 interessant, die sie 1997 auf ihrer Tournee auftreten ließen. Diese Tournee zeichnete sich ihrerseits vor allem durch eine überdimensionale Bühnenkonstruktion aus. Bei dem Hit »Hold me, kill me, kiss me, thrill me«, dem Batman-Forever-Soundtrack, erschien die virtuelle Lara Croft auf einem 52 x 62 m langen LED-Bildschirm vor einem blauen Hintergrund, stieg auf ihre Harley, brauste davon, um kurz noch einmal aufzutauchen und mit ihrem Gewehr auf den Sänger der Band zu zielen. Dieser Auftritt soll übrigens dem Cyberpunk-Romancier William Gibson als Vorlage für seinen Roman »Idoru« gedient haben, in dem sich ein Rockstar in eine virtuelle Kollegin verliebt. Der Name William Gibson wiederum ist untrennbar mit dem Begriff Cyberspace verbunden. Der Science-fiction-Schriftsteller hat den heute kaum mehr wegzudenkenden Ausdruck in seinem Roman *Neuromancer* aus dem Jahr 1984 als »Konsens-Halluzination« definiert und in unseren Sprachschatz eingeführt. – Ein hübsches Beispiel für die rekursiven Beziehungen, die unserer Medienwelt jenen Wiedererkennungseffekt verleihen, der sich uns in ihr zu Hause fühlen läßt.

Seit Lara Crofts Auftritt bei den U2 haben sich immer wieder verschiedene Musikgruppen um einen Auftritt mit Lara beworben, die meisten erfolglos.[3] Die Popstars

3 Zur Veröffentlichung von »Tomb Raider II« erschien eine CD mit Songs von bekannten Rockbands wie *Yello*, *Depeche Mode* etc. Sie stellten ihre Musik für »A Tribute to Lara Croft« unentgeltlich zur

seien, so erklärt das Croft-Magazin die Beliebtheit der virtuellen Figur, selbst zu Fans von Lara Croft geworden. Damit berühren die Autoren den zentralen Punkt für den *medialen* Erfolg der virtuellen Lara. Abgesichert durch die Referenz, die die Köper der Models der Spielfigur Lara garantierten, hat sich die Werbe-Lara so weit vom Spiel entfernt, daß die echten Spielfans begannen, das Spiel selbst zu boykottieren, weil sie sich mißbraucht fühlten.[4] Und sie haben recht, wenn sie sich »vergrätzen«[5] lassen: Die Lara, auf die sich die »fachfremden« Medien stürzten, hat mit dem Spiel nichts mehr zu tun. Das Spiel war, ebenso wie die Spielfigur und die Models, nur noch dazu da, die Referenz der Werbe-Lara zu sichern.

Verfügung. Die deutsche Rockgruppe *Die Ärzte* drehten 1998 einen Videoclip mit Lara Croft, der ihnen zum ersten Nummer-1-Hit ihrer Musikerkarriere verhalf. Vgl. *Lara Croft Magazin*, S. 95 ff.

4 Langer, »Mythos Lara Croft«, S. 88 ff.

5 Ebd., S. 91.

9. Verlust der Oberfläche

In seinem Buch *Die Pest der Phantasmen* stellt Slavoj Žižek die bedenkenswerte These auf, daß wir es heute bei der virtuellen Realität und der Technobiologie mit einem »Verlust der Oberfläche« zu tun haben.[1] Damit ist der Verlust der Grenze zwischen Innen und Außen, zwischen mir und den anderen, zwischen der Welt hinter und vor dem Spiegel, hinter und vor dem Bildschirm verbunden. »Verlust der Oberfläche« meint genau jenen Prozeß, den Mike Ward in seiner Darstellung des Spielerlebnisses mit Lara Croft als geschlossenen, narzißtischen Pakt beschrieb. Es handelt sich gewissermaßen um einen narzißtischen Kurzschluß. Dieser kappt mit der Distanz zur virtuellen Projektion die Verbindung zur Außenwelt ebenso wie die Beziehung zu anderen Subjekten. In der Ununterscheidbarkeit zwischen sich und dem gespiegelten Bild verliert sich schließlich das Subjekt selbst, wie es die alte Geschichte von Narziß so eindrücklich vorführt. Der Verlust der Oberfläche kommt dem Verlust der Distanz gleich. Und ohne Distanz gibt es weder eine Erkenntnis noch überhaupt »Erscheinungen«. Man gibt den Anspruch auf, zwischen sich und Lara Croft zu unterscheiden.

Nun meint »Verlust der Oberfläche« gerade nicht, daß es gelte oder auch nur möglich sei, zwischen Wahrheit und Schein, Realität und Fiktion oder sogenanntem realen Leben und virtueller Realität einen eindeutigen Trennstrich zu ziehen. Insbesondere die Psychoanalyse hat uns gelehrt, daß die Realität, die uns mit anderen ver-

1 Vgl. Žižek, *Die Pest der Phantasmen*, S. 101.

bindet, die wir also mit anderen teilen, eine *symbolische* Ordnung ist. Als eine solche setzt ihre Existenz die Fähigkeit zur Imagination voraus. Es gibt mit anderen Worten keine Realität ohne Mitwirkung der Phantasie. Und zugleich, das macht die Sache mit der Realität so kompliziert, muß, wie die Erfahrung mit Lara Croft deutlich macht, zwischen der Realität, die wir mit anderen teilen, und unseren Wünschen unterschieden werden.

Um diesem Verlust der Oberfläche entgegenzuwirken, unterstreicht Žižek die *Mehrdeutigkeit*, die dem Status der Virtualität innewohnt. Diese Mehrdeutigkeit resultiert aus dem beschriebenen doppelten Ursprung der virtuellen Realität, der die virtuelle Realität auf der einen Seite als sinnliche Exploration von Datenstrukturen und auf der anderen als Effekt des Begehrens und der menschlichen Vorstellungskraft hervorgehen läßt. Nach Žižek bezieht sich das Wort »virtuell«

»zugleich und auf irreduziblem Wege auf den virtuellen Status der phantasmatischen ›Realität‹, die wir auf dem Schirm des Interface wahrnehmen, *und* auf die reine Kalkulation, welche nicht auf ihre Materialisation des elektrischen Stroms, der durch die Computerchips läuft, reduziert werden kann.«[2]

Nun gilt es, diese Mehrdeutigkeit auszuhalten, die aus der Verknüpfung von Datenstrukturen und Begehrensstrukturen entsteht, sie also nicht in eine vermeintliche Eindeutigkeit zurückzuführen. Zwei beliebte und geläufige Deutungen erklären die virtuelle Realität entweder zu einer bloßen Einbildung oder machen sie zur Matrix aller Realität. Nach der ersten Erklärung ist die virtuelle Realität die andere Seite des »realen Lebens« und strikt getrennt von diesem. Das reale Leben wird als natürliche Lebenswelt und diese zur wahren und erfüllten Realität

2 Ebd., S. 94.

stilisiert. In der zweiten Deutung erscheint das reale Leben, der Alltag, als »bloß anderes Fenster der virtuellen Realität«. Dabei dürfte es eher selten das Fenster mit der attraktiveren Aussicht sein. Für die Vertreter und Vertreterinnen dieser Haltung spielt sich die Erfüllung nicht in der natürlichen Lebenswelt, sondern in den simulakren Welten des Cyberspace ab.

Wenn alle Realitäten für gleichermaßen virtuell erklärt werden, bleibt als Kriterium der Wahrheit freilich nur noch der Grad der Wunscherfüllung übrig.[3] So erscheint in dieser zweiten Erklärung nicht nur *alles* als virtuell, sondern »real life« zugleich als weniger erfüllt und damit weniger wahr als jene Fenster, die tief in das Universum des Cyberspace führen.

Beide Deutungen sind reduktionistisch. Sie sind keine Alternativen, sondern Fallen. Sie beruhen, so Žižek, auf einer »Art Verleugnung des Realen«.[4] In der Terminologie der lacanianischen Psychoanalyse steht das Reale für die durch keine Symbolisierung einzuholende Faktizität der Dinge. Es konfrontiert uns mit der Faktizität der Zeit und des Todes und macht sich etwa in jenem *horror vacui* bemerkbar, der die Vorstellung einer vollkommenen,

3 In diesem Zusammenhang kritisiert Žižek auch Sherry Turkles richtungweisendes Buch *Leben im Netz*. Er wirft Turkle eine Idealisierung der postmodernen zusammengebastelten Selbste vor. Um an dieser Vorstellung festhalten zu können, müsse sich Turkle auf die Faktizität einer außerhalb des Cyberspace bestehenden »konkreten Lebenswelt« verlassen. Dabei übersehe sie, daß es sich bei dieser um eine neue Lebenswelt handelt, die den Hintergrund des wissenschaftlichen digitalen Universums längst voraussetze (Žižek, S. 97). In eine ähnliche Richtung geht die Kritik von Mike Sandbothe, der Turkle vorwirft, sie setze bei ihrer Analyse eine »medienneutrale« Persönlichkeit voraus und übersehe dabei, daß die »RL-Identität selbst bereits durch die Nutzung anderer Medien (wie Buchdruck oder Fernsehen) mitgeprägt« sei. (Mike Sandbothe: »Transversale Medienwelten«. In: Vattimo/Welsch (Hg.): *Medien – Welten Wirklichkeiten*, S. 63 f.)

4 Žižek, *Die Pest der Phantasmen*, S. 98.

einer erfüllten Realität als Phantasma outet. Das Reale wirkt als ernüchternde Korrektur der imaginären Identifikation. Es durchkreuzt deren geschlossenen Kreislauf und ermöglicht durch diesen Riß, der die Identifikation mit einem Simulakrum stört, den Eintritt in die symbolische Ordnung. Es erweist die imaginäre Identifikation, wie sie etwa in dem perversen Verhältnis von Lara Croft zu ihren Models erscheint, als imaginäre *Illusion.*

Beide erwähnten Deutungen sitzen dem Phantasma einer erfüllten Realität auf. Die Gleichstellung von realem Leben und virtueller Realität beruht ebenso auf der Wunschvorstellung nach einer unversehrten und erfüllten Realität wie die strikte Unterscheidung von virtueller Realität und einer als natürlich und unmittelbar imaginierten Lebenswelt. Beide ignorieren die Wirkmächtigkeit des Realen und dessen Anteil an der symbolischen Ordnung, die uns als jeweils andere uns erkennen und anerkennen läßt.

Auch wenn Žižeks Ausführungen zum Cyberspace die Differenzen der unterschiedlichen Formen von Interaktivitäten und virtuellen Realitäten zuwenig berücksichtigen, so tragen sie, wie folgendes Beispiel zeigt, doch erheblich zur Erhellung des Phänomens von Lara Croft bei. Das Beispiel bezieht sich auf einen Werbespot, mit dem »Tomb Raider II« lanciert wurde. Der Spot lief unter dem Titel »Where the Boys are«. Er zeigte verschiedene öffentliche Orte, an denen man »Boys« vermuten könnte: eine öffentliche Männertoilette, eine Kegelhalle, einen Basketballplatz, ein Hallenbad, einen Strand, Strip-Bars. Sie sind alle leer und verlassen. Da der Werbespot die Jungs durch ihre Abwesenheit charakterisiert, könne man, wie Mike Ward in seinem Kommentar einräumt, nicht allzuviel Gesichertes über sie sagen, doch, so fährt er fort, wir können uns vorstellen,

»daß ihre Sexualität eines der Dinge ist, die sie in Lara investiert haben – unter den Menschen, die sie zurückließen, um nach Hause zu gehen und ›Tomb Raider‹ zu spielen, befindet sich eine Stripperin, die auf der Bühne eines leeren Stripclubs untätig Kaugummi kaut. Die Jungs sind nicht mehr interessiert am Blickaustausch der Sexindustrie. Sie schärfen lieber ihr Geschick im Marionettenspiel und schließen die Distanz zwischen sich und Lara. Nicht, daß jemand die Jungs kennen würde – die Werbung kennzeichnet sie nur indirekt, über unberührte Basketbälle und unbenutzte Männertoiletten. Aber wir alle kennen Lara. Die leblosen Bilder der physischen, sozialen Welt werden konterkariert mit aufreizenden visuellen Appetithäppchen aus ›Tomb Raider‹, Lara rennend, aus ihren Pistolen feuernd, ihr Kanu rudernd. Die Jungs sind in Lara, sie sind Lara. Zu Hause sein und Lara sein ist attraktiver, als rauszugehen und sich selber sein.«[5]

Die Lara-Croft-Werdung entlastet sowohl von der Konfrontation mit den eigenen Grenzen als auch mit jenen, die den Boys durch die pure Existenz von anderen gesetzt sind.

Nun besteht der springende Punkt von Žižeks Argument darin, daß nicht die Grenzziehung zwischen virtueller Realität und realem Leben ansteht, sondern die viel grundsätzlichere Unterscheidung zwischen einer imaginären Illusion und einer symbolischen Fiktion. Die »imaginäre Illusion« bezeichnet den Prozeß der identifikatorischen Verschmelzung mit einem Bild, wie ich ihn am Beispiel des Verhältnisses von Lara Croft zu ihren Models beschrieben habe. Sie geht mit dem Verlust der Oberfläche einher. Der imaginären Illusion setzt Žižek die ebenfalls aus dem Vokabular Jacques Lacans stammende »symbolische Fiktion« gegenüber. In ihr wird, anders als in der imaginären Illusion, die Oberfläche und damit die Distanz zur Projektion aufrechterhalten.[6] Die »symboli-

5 Ward, »Being Lara Croft«.
6 Žižek, *Die Pest der Phantasmen*, S. 104. Žižek verbindet die Einfüh-

sche Fiktion« vermeidet die Verwechslung von Bild und Wahrheit, ohne die Wahrheit dem Bild entgegenzustellen. Sie räumt der für die Ich-Bildung notwendigen Verkennung den gebührenden Ort ein und vermeidet zugleich, daß sich das Subjekt in der Spiegelung der Vollkommenheit des Bildes in der wahren Realität wähnt. Sie vermeidet die Reduktion eines Symbols auf die narzißtische Identifikation mit einem Simulakrum. An der Fähigkeit, zwischen einer imaginären Illusion und einer symbolischen Fiktion zu unterscheiden, hängt wie an einem seidenen Faden der Einsatz für eine Realität, in der wir uns als andere erkennen, anerkennen und leben lassen, sei es im oder außerhalb des Cyberspace.[7]

Was unterscheidet die imaginäre Illusion von der symbolischen Fiktion? Beide sind, wie Žižek ausführt, Signifikanten und als solche »phallische Prothesen«. Das heißt, daß der Status der Prothese in beiden Fällen illusorisch ist.[8] Der entscheidende Unterschied liegt in der Haltung bzw. der Bezugnahme auf diese Illusionen. Die »imagi-

rung der beiden Begriffe mit einer Kritik an Butlers Versuch, Lacans Deutung des »Phallus« den »lesbischen Phallus« entgegenzusetzen. Butler hat in ihrem Buch *Körper von Gewicht* den Begriff des »lesbischen Phallus« eingeführt, um Lacans Begriff des Phallus zu denaturalisieren. Im Gegenzug dazu weist Žižek darauf hin, daß der springende Punkt die Uneindeutigkeit betreffe und daß dieser Punkt in *der Art des Bezuges* auf den Phallus und damit im Begriff der »symbolischen Fiktion« und nicht im Begriff des Phallus selbst zum Ausdruck komme. Die Kritik, die er an Butler richtet, trifft den Aufsatz »Das Ende der Geschlechterdifferenz?« nicht, auf den ich mich in diesem Essay beziehe. Vgl. ausführlicher dazu: Deuber-Mankowsky, »Geschlecht als philosophische Kategorie«, S. 12 f.

7 An ihr hängt außerdem die Frage nach einer möglichen kritischen Handlungsfähigkeit und auch der mögliche Ausgangspunkt für eine kritische Theorie der Medien- und Gender-Studies. Unter Kritik verstehe ich hier im weiten Sinne Foucaults die Kunst, »nicht dermaßen regiert zu werden«. (Michel Foucault: *Was ist Kritik.* Aus dem Französischen von Walter Seitter. Berlin 1992, S. 12.)

8 Žižek, *Die Pest der Phantasmen*, S. 104.

näre Illusion« verleiht dem virtuellen Spiegelbild scheinbare Realität, wie es in der Identifikation mit einem dezentrierten Bild, etwa der Identifikation mit Lara Croft, der Fall ist. Und wie es auch der Fall ist, wenn die der Virtualität inhärente Mehrdeutigkeit auf eine der beiden Kurzschließungen reduziert wird: wenn also das reale Leben mit einem Fenster der virtuellen Realität gleichgesetzt oder umgekehrt das reale Leben unter Ausschluß der Virtualität zur wahren Realität erklärt wird. Im Gegensatz dazu bezieht sich die symbolische Fiktion auf den »Phallus als reinen Anschein«.[9] Die Vorstellung einer erfüllten Realität bleibt im Status einer Wunschphantasie und wird nicht zum Phantasma, das sich anstelle dieses Wunsches als Glaube an die wahre und ideale Realität errichtet. Die symbolische Fiktion widersteht der Versuchung einer Naturalisierung des Phallus und dadurch auch der Versuchung einer Naturalisierung der Virtualität. Damit erfordert die symbolischen Fiktion die Anerkennung, daß wir es nie mit einer erfüllten, wahren, natürlichen, ummittelbaren Realität zu tun haben werden. Sie fordert somit die Anerkennung jener Mehrdeutigkeit, die aus der Doppelursprünglichkeit jeder Realität im Zusammenwirken zwischen Realem, Imaginärem und Symbolischem resultiert. Diese Mehrursprünglichkeit macht eine Grenzziehung zwischen Illusion und Realität unabdingbar und macht sie zur gleichen Zeit unmöglich. Mit dieser paradoxen Situation, in der wir uns strukturell verfehlen, gilt es zu leben. Was nun auf der einen Seite als Mangel bzw. als blinder Fleck erscheint, stellt aus einem anderen Blickwinkel freilich jene Öffnung dar, die die imaginäre Schließung[10] verhindert. Das Bewußtsein die-

9 Ebd.
10 Die imaginäre Schließung findet bei McLuhan eine Entsprechung im Ausdruck der »Schließung der Sinne«. (*Die magischen Kanäle*, S. 79 ff.)

ses blinden Flecks schafft eine Distanz zwischen dem Bild und mir; es macht das Bild zur »Erscheinung« und arbeitet dadurch der imaginären Illusion entgegen. Die Funktion dieses blinden Flecks beschreibt Žižek in Anlehnung an Lacan als »schwer definierbaren Punkt, von dem aus das Objekt den Blick erwidert«, ohne den wir nicht länger »*etwas* sehen« können, ohne den die »›Realität‹ selbst als visuelle Halluzination wahrgenommen« wird.[11]

Genau dieser blinde Fleck bringt die Frage der sexuellen Differenz ins Spiel.[12] Und zwar als Frage, die, wie Judith Butler in dem Aufsatz »Das Ende der Geschlechterdifferenz?« schreibt, den »notwendigen Hintergrund für die Möglichkeit des Denkens, der Sprache und der Existenz als Körper in der Welt«[13] bezeichnet. Butler macht deutlich, daß die Geschlechterdifferenz kein Fundament ist, sondern »eine Frage an und eine Frage für unsere Zeit«. Sie ist eine Frage, die uns erstaunen läßt und uns Fragen stellen läßt, die nicht zur Gänze erklärt werden können. Sie ist als diese Frage nicht eine Frage unter anderen, sondern ein »besonders dichter Moment der Unlösbarkeit in der Sprache«.[14] Als »Kluft«, die das Wissen mit seiner eigenen Unabschließbarkeit konfrontiert, arbeitet die sexuelle Differenz auch im wissenschaftlichen Bereich einem narzißtischen Selbstbespiegelungsprozeß entgegen. So wäre denn die sexuelle Differenz jener Moment, der sich der Identifikation des Signifikanten mit einem dezentrierten Bild und damit der imaginären Schließung widersetzt.

11 Žižek, *Die Pest der Phantasmen*, S. 100.
12 Vgl. auch: Marie Luise Angerer: *Body Options.* Wien 1997, S. 100.
13 Butler, »Das Ende der Geschlechterdifferenz?«, S. 25.
14 Ebd., S. 26.

10. Das universale Medium

Die Lara, zu der sich selbst Popstars als Fans bekennen, ist zu einem *universalen* Medium geworden. Sein Inhalt ist potentiell jedes Medium: Das Internet ebenso wie die Presse, der Hörfunk, der Tanz, das Fernsehen, der Roman, die Werbung, der Film. Die virtuelle Lara hat sich in ein universal kompatibles Label verwandelt. Science-fiction-Fortsetzungsgeschichten leben von Lara ebenso wie Comicserien, Chats oder das multinationale Unternehmen Eidos.

Dabei fehlen in den Medienberichten mit dem Aufhänger Lara Croft seriöse Hintergrundberichte über die Spielszene fast vollständig. Dies mag nach all den Ausführungen vielleicht nicht mehr erstaunen und bleibt dennoch erklärungsbedürftig. Immerhin stellt die Spielwelt einen wichtigen Bereich der Welt dar, in der unsere Kinder leben und aufwachsen. Und doch ist diese Welt den meisten Erwachsenen, selbst den Eltern weitgehend verschlossen und unbekannt.

Den Medien diente Lara Croft, um sich gegenseitig in ihr zu spiegeln. Als Icon einte die virtuelle Gestalt die unterschiedlichen Medien und gab den an ihnen hängenden Teilöffentlichkeiten das Stichwort, das alle verstanden: Lara. Damit wurde Lara Croft zu jenem universalen Medium, das die Mediengesellschaft zusammenfaßte und der sie als Spiegelbild diente.

Nun ist ein solch vielseitiges Icon nicht ein Bild im herkömmlichen Sinn. Im Kontext der Computersprache ist es vielmehr als ein symbolisches Element in einer Bilderschrift zu verstehen. Es ist verbildlichte Schrift und verfügt über den Zauber magischer Zeichen. Lara Croft funktioniert wie ein Signifikant des »electronic writing«. Sie ist ein Icon, wie Mike Sandbothe es in bezug auf Zeichen oder als Zeichen fungierende Buchstabenfolgen beschreibt, die in Hypertexten Links zu anderen Texten anzeigen:

»Im Web werden Schrift- und Bildzeichen als Icons, d. h. als Signifikanten programmierbar, die auf der pragmatischen Ebene via Mausklick eine nicht mehr nur symbolische, sondern reale Verbindung zu dem herstellen, was sie bezeichnen.«

Er veranschaulicht das anhand folgenden Beispiels:

»So führt mich beispielsweise in einem philosophischen Hypertext ein Mausklick auf die als Link programmierte Wortsequenz unmittelbar in Nietzsches Text, oder das als Link programmierte Bild von Friedrich Nietzsche bringt mich via Mausklick unmittelbar auf eine Webseite mit Informationen zur Biographie des Philosophen.«[1]

Das Beispiel zeigt: was sich in Sandbothes Definition hinter dem Begriff »real« verbirgt, ist nicht, wie es eigentlich korrekt wäre, der programmierte Maschinenbefehl, sondern eine an der Oberfläche bleibende Verbindung zu einem anderen Symbol. Diese nachlässige Verwendung des Begriffes »real« ist symptomatisch für die zunehmende Gleichsetzung von Oberfläche und Realität.

Lara Croft funktioniert als Icon der von Sandbothe beschriebenen Art. Sie steht nicht für eine einzelne abstrakte Bedeutung, sondern für ein Verweisungssystem. Und nur ein Icon dieser Art kann als Icon der neuen Medienkultur fungieren. Sie ist ein aus digitalen Datenstrukturen generiertes Bild, hinter dem sich ein universales Verweisungssystem verbirgt. Ihr eignet die Zauberkraft, eine in Sandbothes Verwendung des Begriffs »reale« Verbindung zu dem herzustellen, was sie bezeichnet. Da sie

1 Sandbothe, »Transversale Medienwelten«, S. 73.

aus Gegensätzen gut geknüpft ist, bezeichnet sie alles und nichts und stellt die Verbindung zu allem und nichts her. In dieser Weise erfüllt sie die in sie gesetzten Wunschphantasien. Es ist der Grund für ihre Vielgesichtigkeit und macht den Kern ihrer medialen Botschaft aus. Eben deswegen bedarf ihre Analyse einer entsprechenden medientheoretischen Fundierung.[2]

Daß auch die Medientheoretiker gut beraten sind, sich mit den Gender Studies in einen transdisziplinären Kontakt zu begeben, möchte ich an folgendem kleinen Beispiel zeigen. Sie könnten sich sonst allzu leicht und unfreiwillig dem Gelächter der virtuellen Gestalten aussetzen. Es bezieht sich auf McLuhans Unterscheidung von heißen und kalten Medien.[3] Demnach sind »heiße Medien« solche Medien, die nur *einen* Sinn ansprechen und wenig persönliche Aktivität des Benutzers erfordern. Heiße Medien sind aktive Medien, sie füllen den Benutzer aus, wie etwa das Radio. Dagegen stellen »kühle Medien« wenig Informationsmaterial zur Verfügung und sprechen viele Sinne an, sind also selbst eher passiv und erfordern die persönliche Aktivität des Benutzers, wie etwa das Telefon. Nun läßt McLuhan seine Ausführungen in einem Vergleich gipfeln, den er einer alten, so der Autor, »Volksweisheit« entnimmt. Diese Volksweisheit lautet: »Mein letzter Wille, eine Frau mit Brille.« In diesem Satz komme, wie McLuhan uns versichert, der Grundsatz genau zum Ausdruck, nach dem sich heiße von kühlen Medien unterscheiden lassen: So repräsentiere eine Frau mit Brille das Paradebeispiel fur ein heißes, während eine Frau mit

2 Vgl. MissKris, »Lara Croft. Feminist Media Critique and Audience Response«. Die Autorin macht deutlich, daß weder die Inhaltsanalyse noch die semiotische noch die psychoanalytisch orientierte Herangehensweise in die Lage versetzt, ein »multi faced, multy-reality and multi-identity pop icon« wie Lara Croft ausreichend zu analysieren.

3 McLuhan, *Die magischen Kanäle*, S. 44.

Abb. 8: *Female Sunglasses. Wearer of the Year.*
Lara Croft Kalender 2000.
© EIDOS Interactive Germany

*Sonnen*brille das Paradebeispiel für ein kühles Medium darstelle. McLuhan O-Ton:

»Gläser verstärken das nach außen gerichtete Sehen und zeichnen das weibliche Image überdeutlich, wenn ›sie‹ auch Marion heißt und Bibliothekarin ist. Sonnenbrillen andererseits erzeugen das undurchschaubare und unnahbare Vorstellungsbild, das sehr stark zu aktiver Teilnahme und Vervollständigung einlädt.«[4]

McLuhan hat seine Rechnung ohne Lara gemacht. Denn sie stellt just jenes Medium dar, das nicht nur die sexuelle, sondern auch die mediale Differenz zwischen kühlen und

4 Ebd., S. 59.

heißen Medien nivelliert. Wofür sie denn auch öffentlich ausgezeichnet wurde: Der so überaus geschickte Einsatz ihrer Sonnenbrille, vor allem aber die neckische Art, über sie hinaus dem mit ihr Interagierenden direkt in die Augen zu schauen, die Sonnenbrille somit als Verstärkung »des nach außen gerichteten Sehens« zu benutzen, hat ihr im »Spectacle and Sunglass Wearer of the Year Awards 2000« den Titel »Female Sunglasses Wearer of the Year«[5] eingetragen. Wir sehen, auch die Medientheoretiker sind gut beraten, sich mit den Gender Studies zusammenzutun.

5 Female Sunglasses Wearer of the Year. *The Croft Times*: http://www.cubeit.com/ctimes/news/2000/04/news0586.html (9. 4. 2000).

11. Die Frage der sexuellen Differenz

Welche Schlußfolgerungen sind aus dem Dargestellten zu ziehen? Wir haben gesehen, daß an der Erfolgsgeschichte Lara Crofts mehrere Ursprünge beteiligt sind. In diesen Ursprüngen überlappen sich unterschiedliche Politiken: die Markt-, die Medien- und die Geschlechterpolitik. Sie ergänzen sich zu einer Dynamik, die das Phänomen Lara Croft insgesamt als eine »imaginäre Illusion«, als Verschmelzung und Identifikation mit einem dezentrierten Bild charakterisiert. Dabei ist der mediale Tanz um die Figur keine dem Phänomen äußerliche Erscheinung, sondern gehört als integraler Bestandteil zu der Dynamik selbst. Losgelöst vom Spiel fungiert Lara Croft als eine Art Gleitmittel, das die Medien zu einer Mediengemeinschaft verbindet. So funktioniert selbst die Realwerdung der Figur in den sie verkörpernden Models als *mediales* Ereignis.

Die Inkarnation von Lara Croft verwischt die Grenzen zwischen Realität und Virtualität, läßt jedoch die Unterscheidung zwischen einer *wahren* und einer *falschen* Realität bestehen. Als Konsequenz wird die *Idealität* der Kunstfrau in einer perversen Verkehrung zur *wahren* Realität erhoben. In dieser Perspektive erscheint Lara Croft nicht nur in jeder Hinsicht schöner, schneller und perfekter. Sie verspricht außerdem die Erfüllung weiblicher gleichwie männlicher Ermächtigungsphantasien. Als ein universales Wunschverweisungssystem »lebt« das Phänomen Lara Croft vom Phantasma einer erfüllten Realität. Nun wäre dagegen nichts einzuwenden, wenn es denn nicht als seine Kehrseite die Entwertung jener alltäglichen Wirklichkeit zur Folge hätte, in der wir unsere Leben gestalten: Die Wirklichkeit, die wir mit anderen teilen, die ebenso wenig perfekt sind wie wir – in der wir essen, schlafen, aufstehen, uns anziehen, arbeiten, in der wir jung sind, alt werden, in der wir uns binden, trennen, verlassen werden und schließlich auch sterben.

Diese Entwertung zeigt sich in besonders deutlicher Weise im Verhältnis der Idealfrau zu den sie verkörpernden Models. Sie werden auf sehr gewaltsame Weise auf ihren Körper reduziert, dessen Wert seinerseits auf eine kurze Zeit begrenzt ist. Ein einzelner weiblicher Körper reicht nicht, um die unsterbliche Lara zu inkarnieren.

Es ist, als ob im Verhältnis der Kunstfrau zu ihren Models die zwei Körper der Könige wiederauferstehen würden. Diese hatten in einer seltsamen Verdoppelung mit ihrem sterblichen Körper die Einheit und die Unsterblichkeit des Reiches zu verkörpern. In seiner Studie zur politischen Theologie des Mittelalters hat der Historiker Ernst H. Kantorowicz gezeigt, wie durch die Übertragung des theologischen Konzeptes der zwei Naturen Christi auf das Königtum der Körperschaftsgedanke und schließlich der säkulare, im König als Souverän personifizierte Staat entstanden ist. Um festzuhalten, daß der politische Körper des Königs – ungeachtet der sterblichen Natur des natürlichen Körpers – unsterblich ist, wurde 1327 zum ersten Mal der Tod des Königs mit der Verbildlichung der unsterblichen Dignitas überbrückt. Es war der Beginn des Brauches, auf den Sarg des Königs eine »königliche Repräsentation« zu legen. »Das Abbild war aus Holz oder Leder, ausgestopft und gegipst; es trug die Krönungsgewänder, später eine parlamentarische Robe. Das Abbild trug die königlichen Insignien zur Schau. Auf dem Kopf des Bildes, das seit Heinrich dem VII. nach der Totenmaske gearbeitet war, saß die Krone, in den künstlichen Händen trug es Szepter und Reichsapfel.«[1] Im Frankreich des 16. Jahrhunderts wurde die »königliche Repräsentation« bedient, gefüttert, gewaschen und gepflegt. Die Unsterblichkeit, das entscheidende Zeichen der Göttlichkeit des Königs, war, so faßt Kantorowicz zusammen, in der stolzen Rückeroberung eines irdischen Aevums im Begriff, ihren fiktionalen Charakter zu verlieren. Das hatte zur Folge, daß der Tod eines sterblichen Königs unmittelbar nach einem lebendigen Ersatz verlangte. Von daher stammt der Ruf »Der König ist tot, es lebe der König«. Denn, so Kantorowicz: »Wenn sie sich nicht unablässig in neuen sterblichen Inkarnationen manifestierte, hörte sie praktisch auf, Unsterblichkeit zu sein.«[2] Nun verloren freilich schon zu Zeiten der Könige die Repräsentationen ohne den sterblichen Körper nicht nur ihre Unsterblichkeit, sondern auch ihr Leben. Ohne sterblichen Körper sind die Repräsentationen eben nur tote Maschinen.

Ähnlich wie die »königliche Repräsentation« ihr unsterbliches Leben aus den sterblichen Körpern der Könige bezieht Lara Croft ihre Realität aus den Körpern ihrer Models. Im Unterschied zu den sterblichen Körpern der Könige, die immerhin ein sterbliches Leben lang den politischen Körper zu repräsentieren vermochten, hat sich der Verfallsprozeß im Falle der Repräsentation von Lara jedoch auf ein Jahr beschleunigt. Ihre Models werden jährlich erneuert und wurden zudem immer jünger.

Hat dies damit zu tun, daß Lara Crofts Reich nicht von dieser Welt und explizit kein politisches sein will?

Zwar kursierte der Aufruf »Lara Croft for president«

1 Ernst H. Kantorowicz: *Die zwei Körper des Königs. Eine Studie zur politischen Theologie des Mittelalters.* Aus dem Englischen nach der 2. Auflage aus dem Jahr 1966 von Walter Theimer. München 1994, S. 416.

2 Ebd., S. 431.

durch die Medien, doch kommt darin eher die Frage zum Ausdruck, wer die *reale* Macht ausübt: der Präsident *oder* die Medien.

Lara Croft repräsentiert nicht eine politische Gemeinschaft, sondern die Mediengemeinschaft. Deren Mitglieder sind nicht Staatsbürger, sondern User. Zur Bildung dieser Gemeinschaft müssen keine Wahlen abgehalten und keine Entscheidungen getroffen, sondern allein die Maschinen am Laufen und damit (virtuell) lebendig gehalten werden. Dabei wird der Mensch buchstäblich, wie McLuhan es beschrieben hat, »zum Geschlechtsteil der Maschinenwelt, wie es die Bienen für die Pflanzenwelt sind«, indem sie es den Pflanzen möglich machen, »sich zu befruchten und immer neue Formen zu entfalten«.[3]

Anders als weiland der unsterbliche Körper des Königs repräsentiert Lara Croft nicht die politische Macht, sondern das mächtige Begehren selbst. Wenn die Jungs, wie Mike Ward bemerkte, ihr sexuelles Interesse in das Spiel mit Lara Croft investierten, so deshalb, weil dieses einen höheren Grad an narzißtischer Befriedigung vermittelte. Und es ist der gleiche narzißtische Pakt, der sie für ihre weiblichen Fans so attraktiv macht. In diesem Sinne ist es bezeichnend, daß zur Unabhängigkeit der reizenden Lara ihre Bindungslosigkeit gehört: Die sexy Lara führt kein Sexualleben, weder im Spiel noch in dem Leben, das die Manager für sie erfunden haben.

Nun hat die Entstehungsgeschichte der Spielfigur gezeigt, daß Lara Croft nicht zufällig »weiblich« ist. Lara stellt, wie Teresa de Lauretis mit Hilfe der Unterscheidung von der Frau im Singular und den vielen Frauen vorführte, zugleich die Quelle des Begehrens, *etwas* zu

3 McLuhan, *Die magischen Kanäle*, S. 81.

repräsentieren, und das Medium selbst dar, durch das sich das Begehren objektiviert. Sie ist Grund der Repräsentation und die Repräsentation selbst.

Die Traumfrau ist, wie Lauretis gezeigt hat, ein Konstrukt, eine Fiktion, eine Spekulation. Und dennoch vermag sie das Begehren auf sich zu ziehen und in allem mehr zu versprechen als die vielen Frauen: mehr Sex, mehr Körper, mehr Leben. Daran ändert auch die Einsicht nichts, daß die Traumfrau »nur« eine Spekulation bzw. Lara Croft »nur« eine virtuelle Gestalt ist. Deshalb zielt auch der Hinweis, Laras Busen sei übernatürlich groß und deshalb unrealistisch, ins Leere. Denn ihre überdimensionalen weiblichen Attribute sollen sie keineswegs als eine »natürliche« Frau, eine sterbliche Frau unter vielen kennzeichnen. Im Gegenteil: Die überdimensionierten weiblichen Attribute vermitteln ihrerseits, daß Lara Croft »Körper« in einem sehr spekulativen und abstrakten Sinn ist. Ihr tut nichts weh. Sie spürt auch keine Lust. Sie ist in überirdischem Sinne »Körper«, sie ist Körper, wie die Matrix, wie die Gottesmutter, wie die Urmutter »Körper« sind: Sie ist unsterblich, jungfräulich und immerdar.

Daß Lara Croft in der fünften und letzten Folge von »Tomb Raider« im sogenannten Matrix-Anzug der Heldin des gleichnamigen Hollywood-Kultfilmes auftritt, spricht dafür Bände. Es zeigt nicht nur, wie mit dem Austausch von Bildern – in diesem Fall dem schwarzen Anzug von Trinity – auf überaus subtile Weise Botschaften weitergegeben werden. Es macht zugleich deutlich, daß die Bilder, die mit diesen Botschaften aufgeladen sind, ungemein wirkmächtig sind, und dies um so mehr, wenn sie nicht »gelesen« werden, sondern nur auf der Bildebene, im Imaginären, wirken. Bei diesen Bildern handelt es sich zumeist um Zitate aus dem kulturellen Fundus religiöser,

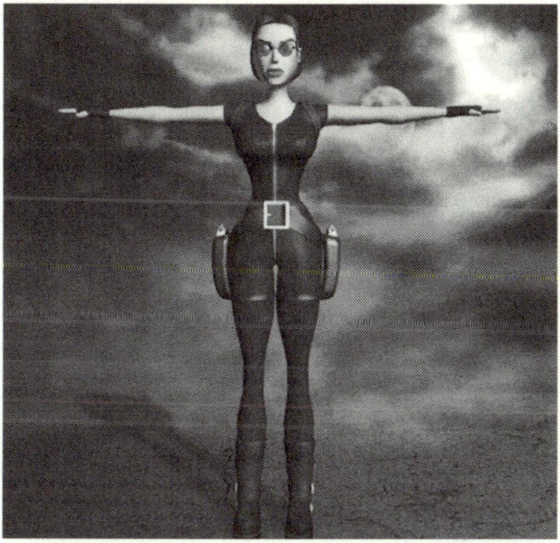

Abb. 9: *Lara Croft im Matrix-Anzug.*
Das offizielle Lösungsbuch. Tomb Raider. Die Chronik.
© EIDOS Interactive Germany

vor allem christlicher Symboliken. So erzählt der Film *Matrix* aus dem Jahr 1998 auf der Folie und mit dem Personal der christlichen Erlösergeschichte von der Sehnsucht nach der wahren Realität und der endlichen Befreiung der Welt in einem Showdown, der einem Western alle Ehre gemacht hätte. Trinity, die Erlöserin des Erlösers, ist eine Mischung aus Jungfrau Maria und Jeanne d'Arc. Diese Allusionen, die beliebig erweiterbar sind, haften an ihrem Anzug. Im Transfer vom Film in das Computerspiel fungiert ihr hautenger schwarzer Anzug als ein Emblem. Mit dem Anzug wird Lara Croft in der Folge zugleich in die Botschaften und Bedeutungen eingekleidet, mit denen bereits die Heldin in *Matrix* mit dem bedeutsamen Namen Trinity (Dreifaltigkeit) aufgeladen war.

Die unnatürlich weiblichen Körpermaße von Lara Croft kennzeichnen sie, um es zusammenzufassen, als übernatürlichen Körper. Dieser verspricht, was der »Kopf« bzw. das Denken und auch die Datenstrukturen allein nicht vermögen: Unmittelbarkeit, Erfüllung, Materialität.

Diesen abstrakten Begriffen wird über die Verbildlichung im weiblichen Körper eine vermeintlich konkrete Existenz vermittelt. Damit reproduziert das Phänomen Lara Croft die Gleichung: Frau = Körper. Sie bedeutet die Reduzierung der Frau auf den Körper.

Was läßt sich daraus nun für die Bedeutungsverschiebung ablesen, die der Begriff des Geschlechtlichen zur Zeit durchläuft? Die Identifizierung von Frau und Körper ist ebensowenig neu wie die Spaltung des Körpers in Körper und Kopf. Sie führen den bekannten Descartesschen Dualismus fort, wobei der Körper die räumliche Ausdehnung (res extensa) und der Kopf das Denken (res cogitans) versinnbildlicht.

Neu ist jedoch die Radikalität, mit der sich die an der biologischen Geschlechterdifferenz gebildeten Bedeutungen von den geschlechtlichen Körpern ablösen und sich diesen gegenüber verselbständigen. Sie ist ein Effekt der »second computer revolution«, der technischen Möglichkeit also, virtuelle Realitäten sinnlich erlebbar zu machen. Ließ, wie McLuhan zeigte, bereits der Film die auf der Leinwand erscheinenden Gestalten als lebendig erscheinen, so ermöglicht doch erst der Computer, sei es der PC mit dem entsprechenden technischen Zubehör wie der Maus, dem Bildschirm, den Lautsprechern oder die Spielkonsole, die Interaktion mit virtuellen Gestalten. Die Technik der virtuellen Welten eröffnet damit die Möglichkeit, mit in Bilder gekleideten abstrakten Begriffen[4] zu interagieren. Und sie eröffnen damit auch die

4 Schon Immanuel Kant spricht von Vernunftbegriffen, »die gewöhnlicher maßen gleichsam ein körperlich Kleid annehmen« (»Träume eines

technische Möglichkeit einer Interaktion mit der Traumfrau, die Lauretis treffend als Spekulation bezeichnet hat. Die Referenz auf die Geschlechtermetaphysik transportiert über die Identifikation der weiblichen Attribute mit dem unsterblichen Körper das Phantasma der erfüllten Realität in die virtuelle Welt. So erscheint das abstrakte Wunschverweisungssystem in der weiblichen Gestalt von Lara Croft ihren Fans menschlicher als die Menschen, die Traumfrau weiblicher als die Frauen, und es führt als weibliches Vorbild ein wagemutigeres und abenteuerlustigeres Leben als alle Frauen: Damit zementieren die neuen Medien mit ihren technischen Möglichkeiten die dualistische Geschlechterordnung auf einem neuen abstrakten Level. Dieser Rekurs auf die Geschlechtermetaphysik läuft parallel zu einer Etablierung der virtuellen Realität als imaginärer Ilusion.

Doch ist dies zwangsläufig so? Muß dies so sein? Eröffnen die neuen Medien nicht auch neue Chancen? Verbindet nicht Theoretikerinnen wie Donna Haraway, Allucquère Rosanne Stone, die Cyberfeministinnen und Initiativen wie das »Old Boys Network«[5] die Hoffnung, mit Hilfe der neuen Technologien die hergebrachte Geschlechterordnung zu überwinden?

Worauf basieren ihre Hoffnungen, wie argumentieren sie? Nehmen wir Allucquère Rosanne Stone: Sie unterscheidet in erster Linie zwischen zwei möglichen Haltungen zum Computer. In der ersten erscheint der Computer als eine Maschine wie das Telefon und unterscheidet sich nicht wesentlich von den herkömmlichen Medien. In der zweiten jedoch werden Computer als Arenen für so-

Geistersehers, erläutert durch Träume der Metaphysik«. In: *Werke in zwölf Bänden*. Hg. von Wilhelm Weischedel. Wiesbaden 1960. Bd. 2, S. 948).

5 old boys network: http://www.obn.org/

ziale Experimente und dramatische Interaktionen wahrgenommen. In dieser Auffassung ähnelt der Computer mehr einer Art Medium, wie es z. B. das Theater darstellt. Hier spielt sich die Interaktion nicht zwischen User und einem in einen weiblichen Körper gekleideten Wunschverweisungssystem ab, sondern zwischen mehreren, an der Kommunikation beteiligten Personen.[6]

Nun weist Stone explizit darauf hin, daß die Frage nicht darin besteht, welche der beiden Auffassungen dem »Wesen« des Computers näher kommt, welche mit anderen Worten »wahrer« ist. Mehr noch: Es müssen bestimmte Bedingungen erfüllt sein, damit die zweite Auffassung überhaupt erst wahr werden kann. Diese Bedingungen hängen, so Stone, nicht vom Computer, sondern von uns ab. Wir müssen zum Beispiel über unsere Konzepte von Gegenwart, von Präsenz nachdenken, um die virtuellen Welten als Theater und als Feld sozialer Experimente nutzen zu können. Über Präsenz nachzudenken meint freilich auch darüber nachzudenken, was »Körpersein« unter den Bedingungen der neuen Medien heißen kann. Diese Frage ist aufs engste mit jener nach Handlungsfähigkeit verbunden. Wenn, wie wir am Beispiel des Phänomens Lara Croft gesehen haben, die »imaginäre Ilusion« mit dem Verlust der Oberfläche und der Distanz einhergeht, dann ist Distanzgewinnung ein erster Schritt zur Handlungsfähigkeit und zu einem Körperkonzept, das nicht dem Phantasma einer erfüllten Realität zum Opfer fällt. Žižek plädiert mit Lacan für die Wiedergewinnung eines »blinden Flecks«, ohne den wir nicht in der Lage seien, *etwas* zu sehen. Es geht also – was gar nicht genug betont werden kann – um die Wiedergewinnung der *Erscheinungen* und nicht um die Etablierung

6 Allucquère Rosanne Stone: *Desire and Technology at the Close of the Mechanical Age.* Cambridge, Mass./London 1996, S. 16.

von Wahrheiten. Dies meint Žižek, wenn er der »imaginären Illusion« den Begriff der »symbolischen Fiktion« entgegensetzt. Dieser blinde Fleck ist deswegen so wichtig, weil er eine Öffnung garantiert und dadurch verhindert, daß das Verstörende der virtuellen Realität in einem geschlossenen narzißtischen Kreislauf befriedet wird. Mit dem blinden Fleck besteht Žižek auf dem Wissenwollen, welches das Bewußtsein des Nichtwissens voraussetzt. Genau an diesem Punkt kommt nun die sexuelle Differenz ins Spiel. Sie sei, so hatte ich mit Judith Butler und Geneviève Fraisse vorgeschlagen, als »unabschließbare Frage« und als »unruhestiftender Ort« zu verstehen, an der Grenze des Wissens angesiedelt, die Grundlagen des Wissens befragend. Konkreter als Žižeks »blinder Fleck« umkreist die Frage der sexuellen Differenz die Trennung zwischen Kultur und Natur, das Verhältnis, in dem diese zur Unterscheidung von Körper und Denken steht, und die Frage, in welcher Weise sich diese beiden Oppositionen auf die Geschlechtermetaphysik beziehen. Wir haben gesehen, wie genau an der Stelle jenes unruhestiftenden Orts, den die sexuelle Differenz bezeichnet, die Figur der Lara Croft als eine Art Fetisch errichtet wurde. Sie fungiert als Apotropäum, als Zaubermittel, das Unheil abwehren soll. Nicht umsonst erinnert ihr Name an die römischen Laren, die als Schutzgeister von Haus und Familie verehrt wurden. Dazu ergänzend steht der Nachname Croft im Englischen für ein kleines, begrenztes Feld bzw. Stück Land. So beschwört der Name Lara Croft, die Funktion der Figur illustrierend, jene Geister, die Haus und Hof, das Heimliche und die Idylle vor dem Einbruch des Realen schützen.[7] Als ein solcher Fetisch dient die Kunstfrau zur Verleugnung der Kluft, die sich angesichts

7 Für den Hinweis auf die Etymologie des Namens Lara Croft danke ich Giaco Schiesser.

der Ununterscheidbarkeit von Natur und Kultur öffnet, und zur Immunisierung des Denkens gegen den Einbruch der Geschichtlichkeit. Mit beiden konfrontiert uns dagegen die Frage der sexuellen Differenz. Als »unabschließbare Frage« fordert sie uns stetig erneut dazu auf, die Opposition von Kultur und Natur zu befragen. Sie unterläuft dadurch jede Festschreibung dessen, was eine Frau, was ein Mann oder was ein Körper ist. Sie durchkreuzt jede Antwort, indem sie sie als vorläufig qualifiziert. Damit erweist sie sich als Antidoton sowohl gegen die narzißtische Identifizierung mit einem dezentrierten Bild als auch gegen den Rückfall in die Geschlechtermetaphysik.

Stone beschreibt den Computer als Theater, Teresa de Lauretis empfiehlt, die Begriffe, welche die Frau als Text generieren, »aufzuführen«. In beiden Vorschlägen spielt der Begriff der »Performance« eine zentrale Rolle. Er bringt den Körper auf neue Weise zur Erscheinung: als Chance, Erfahrungen zu machen. Daß dies selbst bei einem Phänomen wie Lara Croft möglich ist, haben einige Teilnehmerinnen der Internationalen Frauenuniversität im Sommer 2000 in Hannover vorgeführt. In einer »Kidnapping-Lara-Action« entführten sie eine »lebensgroße« Lara-Croft-Figur aus einem MacShop, zogen ihr Kleider aus den unterschiedlichen Herkunftsländern der Frauen an, stellten sie in sehr alltägliche Umgebungen, wie etwa ein Bad, und fotografierten sie. Die Bilder kamen nach der Aktion als Teil einer Website ins Netz, in der Lara Croft aus dem Blickwinkel moderner und postmoderner feministischer Kritik vorgestellt wurde.[8] Die Lara-Croft-Pappfigur selbst behängten die Frauen mit vielen Papierschnipseln, auf denen die URL-Adressen von feministischen Netzinitiativen notiert waren, und brachten sie in

8 http://www.ifu.uni-hamburg.de/webspace/gendering/lara/home.html#action.

dieser Ausstattung in den Laden zurück. Die Frauen faßten ihre Erfahrungen in dem Satz zusammen: »Wir genossen es sehr, mit Lara und möglichen Bedeutungen zu experimentieren, die sich von jenen unterscheiden, die uns von den Medien und der Industrie angeboten werden.«

12. Nachspiel: Die nächste Generation

Zu den tausend Wörtern, die der Name Lara umfaßt, gehört auch das Wort »Unsterblichkeit«. Nun steht dazu die Schnellebigkeit des Spielemarktes in einem unvereinbaren Kontrast. Dieser Schnellebigkeit vermag auch die virtuelle Lara nicht zu entkommen. Ein deutliches Anzeichen dafür ist, daß ihre Models immer jünger wurden. Sie wurden um so jünger, je unausweichlicher der Stern von »Tomb Raider« zu sinken begann. Tatsächlich erfüllte die vierte Folge des Spiels, das Weihnachten 1999 herauskam, die nach dem Erfolg von »Tomb Raider III« hochgeschraubten Verkaufserwartungen nicht mehr.

Der Grund liegt in der schnellen Entwicklung der Hardware und der auf diese abgestimmten Spielsoftware. So gehört die 3D-Technik, die Toby Gard 1996 davon träumen ließ, einen »permanent interaktiven Film« zu entwerfen, heute zum unteren Standard. »Tomb Raider« aber war ganz auf diesen Stand der Technik zugeschnitten und ließ keine wirklichen Innovationen in Ablauf und Konzept des Spiels zu. Es war im Prinzip immer dasselbe: Lara tauchend, kletternd, hüpfend, Saltos schlagend, kämpfend und schießend, Lara wie gehabt. Das konnte den großen Kreis der »videospielenden Nation«[1] außerhalb der engeren Fangemeinde auf Dauer nicht zufriedenstellen; um so weniger, als die Spiele-Lara gegen die Werbe-Lara zusehends an Boden verlor. Die Kritik in den einschlägigen Game-Zeitschriften fiel entsprechend harsch aus.

1 Vgl. Frank Emmerling: *Tomb Raider: Die Chronik*. In: *PlayStation. Das offizielle Playstation-Magazin* 1/2001, S. 79.

Als die Lara-Croft-Fans begannen, sich um die Zukunft ihres Idols zu sorgen, waren die Spielentwickler von Core Design bereits mit der nächsten Generation der Spielplattformen beschäftigt. Während die Playstation 2 in Europa noch ein Gerücht war, arbeiteten sie an einem Spielkonzept, das den neuen technischen Möglichkeiten angemessen sein würde und sie in ähnlicher Weise zum Ausdruck bringen sollte wie das bekannte »Tomb Raider«.

Bei der betreffenden Hardware handelt es sich um die 128-Bit-Konsole, die mit der Playstation 2 im Herbst 2000 unter großem Medienrummel endlich auch auf dem europäischen Markt eingeführt wurde. Die bessere Bildqualität ist diesmal jedoch nicht der wichtigste Unterschied zu den Vorgängermodellen. Ausschlaggebend ist vielmehr die neue »Multimedia-Power«. So ist die Playstation 2 mit einem integrierten DVD-Abspielgerät und mit Ausgängen für einen Internetanschluß bzw. mit Breitband-Netzwerk Anschlüssen ausgestattet. Bereits jetzt kann man mit der Konsole, außer Videospiele zu spielen, DVD-Kinofilme sehen und Audio-CDs hören. Mit dem entsprechenden Modem und der Festplatte will Sony den Zugang mit der Playstation 2 zum Internet noch im Jahr 2001 ermöglichen. Für die Xbox von Microsoft, die Ende des Jahres erwartet wird, ist die serienmäßige Ausstattung mit Festplatte und Netzwerkkarte vorgesehen. Die Schnittstelle zum Handy-Netz wurde in Japan bereits vorgestellt. Damit können Konsolen Daten per Handy tauschen. Die neuen Spielkonsolen sind als Maschinen konzipiert, die sich mit allen bestehenden und kommenden Techniken verstehen sollen.[2]

Doch was heißt das für Lara Croft? Kann das Medium,

2 Vgl. *GameStar*. Sonderheft Spiele-Konsolen. 1/2001, S. 124 f.

dessen Botschaft so eng mit der Hardware der alten Generation verknüpft war, deren Überholung unbeschadet überleben?

Die Entwickler von Core Design haben eine trickreiche Lösung für das Problem gefunden: Sie ließen die bekannte Lara Croft einen symbolischen Tod sterben, um sie auf den Plattformen der nächsten Generation in neuer Gestalt wiederauferstehen zu lassen. So endete die vierte Folge von »Tomb Raider«, die den vielsagenden Titel »The Last Relevation«, zu deutsch »Die letzte Offenbarung«, trug, mit dem Verschwinden und dem vermutlichen Tod Laras, die in einer ägyptischen Pyramide verschüttet wird. »Chronicles«, die fünfte und letzte Folge, die zu Thanksgiving 2000 herauskam, führte die Idee weiter aus und bereitete zugleich Laras Wiederauferstehung auf der Konsole der nächsten Generation vor. Das Spiel beginnt mit einem Erinnerungsgottesdienst für die Heldin im Garten des Schlosses »Croft Manor«. Nach der Zeremonie treffen sich Laras Freunde in der Villa ihrer Familie und vermitteln ihren Fans, daß Lara nur vermißt, also vielleicht doch nicht tot sei. Sie erinnern sich an die vergangenen Abenteuer der Artefaktjägerin, die in der Folge durchgespielt werden können. Die Chronik endet im letzten Level mit der endlichen Befreiung Laras aus der Pyramide. Auf die kommende Verwandlung weist ihr neues Outlook, der bereits erwähnte Matrix-Anzug.

Den gelungenen Schachzug kommentierte der Geschäftsführer von Core Design mit dem gewohnt lakonischen Hinweis auf die Logik, welche die Entwicklung im Bereich der Hardware vorgebe:

»Das Wichtigste bei ›Tomb Raider‹ war, seine Auslieferung, so wie wir es kennen und an der Playstation, an einem Punkt zu beenden, der uns einen sauberen Neustart erlaubte. Deswegen entwickelten wir die Idee, Lara eingeschlossen in einer ägyptischen Pyramide zurückzulassen. Dies ermöglichte uns, nichts vom Gepäck von ›Tomb Raider‹ übernehmen zu müssen.«[3]

Es ist ein sauberer Neustart nach dem alten und bewährten Muster. So wird das neue Spiel, wie ehemals »Tomb Raider«, nicht nur für die Playstation 2, sondern zugleich für alle neuen Hardwareplattformen entwickelt. Erfüllen sich die Pläne von Smith, wird es an Weihnachten auf der Playstation 2, auf der mit Spannung erwarteten Xbox von Microsoft und zugleich auf den mit neuen 3D-Techniken aufgerüsteten PCs laufen. Das Spiel sei, wie Smith in seinem Interview versichert, ganz auf die neue Technologie zugeschnitten, und es sei, noch mehr als »Tomb Raider«, auf die Figur von Lara Croft konzentriert. Ein Zufall? – Unwahrscheinlich. Die neue Hardware ist nicht fürs Kinderzimmer, sondern als multimediale Schnittfläche gedacht, die im Zentrum der Wohnung die Bewohner und Bewohnerinnen über die entsprechenden Eingabe- und Ausgabegeräte mit allen heute vorstellbaren Datenströmen verbindet. Die Entwickler von Core Design haben sich darauf eingestellt, daß die zu erwartende Kundschaft älter sein wird als bisher. Bereits vor einem Jahr betrug das Durchschnittsalter der Spieler in den USA 28 Jahre. Immer mehr männliche, aber auch weibliche Erwachsene ziehen das Computerspielen dem Fernsehen und dem Kino vor.[4] Das Spiel der nächsten Generation richtet sich, wie Smith betont, deshalb an ein deutlich älteres Publikum als »Tomb Raider«. Diese Hinweise geben einen Vorgeschmack auf die neue Lara. Ein im Internet verbreitetes Bild, auf dem ein maskierter Mann in einem schwarzen Lederanzug in Ketten an einem Kreuz hängt,

3 »Tomb Raider Next Generation«. Interview with Adrian Smith: http://gamespot.co.uk/interviews/2000/09/166-asmith2.html (20.10.2000).
4 Poole, *Trigger Happy*, S. 6.

rundet ihn ab. Der Verweis auf die Filme, die für das neue Spiel Pate standen, tut sein Übriges:

»Wir haben uns diesmal an Filmen wie ›Omen‹ und ›Der Exorcist‹ orientert, die sehr dunkle und tiefe Filme sind. Das als Hinweis auf das, was Sie zu sehen erwarten können.«[5]

Die Lara der nächsten Generation wird Alkoholprobleme haben, mit Drogen konfrontiert sein. Sie wird, so Smith in seiner Ankündigung, in einen völlig neuen Lebensstil fallen. Dies sei als Folge der unendlichen Möglichkeiten zu verstehen, die die neuen Technologien eröffnen und denen die Spielsoftware der nächsten Generation gerecht werden will. Das Spiel wird nicht mehr in abgeschlossenen Folgen erscheinen, sondern nach dem Vorbild der bekannten Fernsehserie »X-Files« als Serie aufgebaut sein. Die einzelnen Episoden werden die Spielerinnen und Spieler Woche für Woche vom Internet herunterladen. Smith beschreibt es als »episches Spiel«. Damit entspricht es genau jenem neuartigen Spielgenre, das Sony bei der Vorstellung der Playstation 2 ankündigte. Die Rede war von Spielen, die wie eine TV-Seifenoper jede Woche fortgesetzt werden. Dabei sollen die Fortsetzungen nicht mehr über den Handel, sondern direkt über das Netz angeboten und ebenso direkt vom Konto abgezogen werden.

Statt zur Erweiterung sozialer Spiel-Räume werden die technischen Möglichkeiten des Netzes genutzt werden, um ein virtuelles Vertriebssystems mit entsprechender Einwegkommunikation aufzubauen. Damit sind wir meilenweit entfernt von Allucquère Rosanne Stones Vorschlag, den Computer als ein Medium wie etwa ein Theater zu benutzen. Auch in »Tomb Raider next Generation« wird sich die Interaktion auf den User und Lara konzen-

5 Ebd.

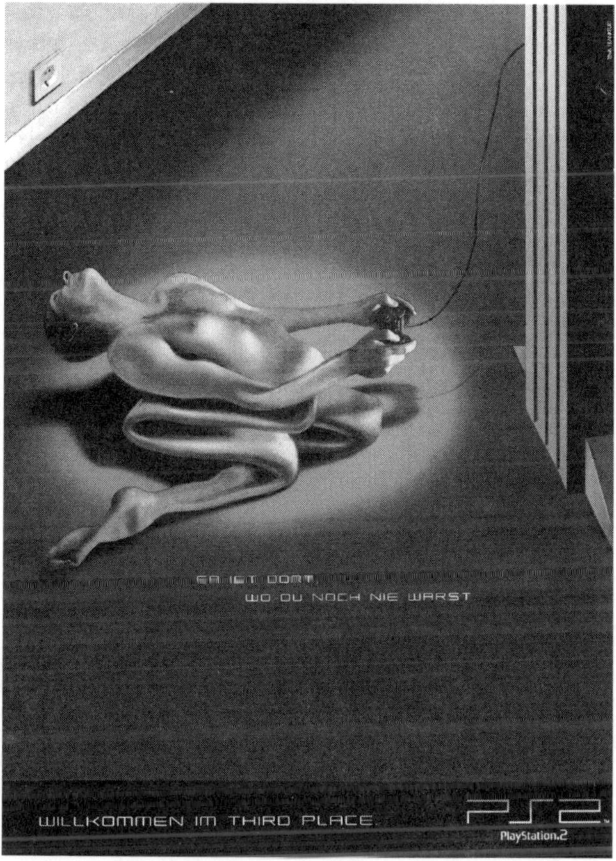

Abb. 10: *Playstation-2-Werbung* (Agentur TBWA Frankfurt)

trieren. Man wird die Fortsetzungen vom Netz laden, das Spiel jedoch nicht im Netz und nicht mit anderen spielen können. Laras Aufgabe bleibt die gleiche: beizutragen zur Beschleunigung der Verschmelzung der User mit dem neuen Medium.

Ob es ihr auch diesmal gelingt, die Aufgabe so glänzend zu erfüllen? Sie wird, wie Smith prophezeit, auf die Probe gestellt und wird (wen erstaunt's?) als erstes ihre Unschuld beweisen müssen. Bestehen wird sie die Probe, wenn sie die Botschaft der neuen Technologie ebenso glaubhaft verkündet wie jene der alten Generation. Die Chancen stehen dafür nicht schlecht. Ob es ihr freilich auch diesmal gelingt, die Frauen auf ihre Seite zu ziehen, bleibt abzuwarten.

Literatur

Angerer, Marie Luise: *Body Options.* Wien 1997.

Arent, Lindsey: »Game Maker: Lara's no Playmate«. In: *Wired News*: http://www.wired.com/news/topstories/0,1287,20762,00.html, download 30. 10. 2000.

Braun, Christina von: »Das ein-gebildete Geschlecht. Bilderverbot, Bilderverehrung und Geschlechterbilder«. In: Hans Belting/Dietmar Kamper (Hg.): *Der Zweite Blick*. München 2000, S. 149-170.

Bredekamp, Horst: »Zur Unausweichlichkeit der Automaten«. In: Pia Müller-Tamm/Katharina Sykora (Hg.): *Puppen – Körper, Automaten. Phantasmen der Moderne*. Düsseldorf 1999, S. 94-105.

Butler, Judith: »Das Ende der Geschlechterdifferenz?« Aus dem Englischen von Benjamin Marius. In: Jörg Huber/Martin Heller (Hg.): *Konturen des Unentschiedenen.* Basel 1997, S. 25-43.

– *Das Unbehagen der Geschlechter.* Aus dem Englischen von Kathrina Menke. Frankfurt/M. 1991.

– *Körper von Gewicht*. Aus dem Englischen von Karin Wördemann. Berlin 1995.

Calvino, Italo: *Die unsichtbaren Städte.* Aus dem Italienischen von Heinz Rieth. München 1997.

Clark, Nigel: »Rear-View Mirrorshades: The Recursive Generation of the Cyberbody«. In: Mike Featherstone/Roger A. Burrows (Hg.): *Cyberspace, Cyberbodies, Cyberpunk. Cultures of Technological Embodiment.* London/Thousand Oaks/New Delhi 1995, S. 113-135.

»Cyberstar«: http://www.cyberstar, download 7. 7. 99.

Deuber-Mankowsky, Astrid: »Geschlecht und Repräsentation. Oder wie das Bild zum Denken kommt«. In: *Die Philosophin. Forum für Philosophie und feministische Theorie* 18/98, S. 24-42.

– »Die Frau: ›Das kostbarste Beutestück im Triumph der Allegorie‹«. In: *Concordia* 21, 1992, S. 2-20.

– »Geschlecht als philosophische Kategorie«. In: *Die Philoso-*

phin. Forum für Philosophie und feministische Theorie 23/2001, S. 11-30.

Doane, Mary Ann: »Film und Maskerade: Zur Theorie des weiblichen Zuschauers«. Aus dem Englischen von Eva-Maria Warth und Gabriele Kreutzner. In: Liliane Weissberg (Hg.): *Weiblichkeit als Maskerade.* Frankfurt/M. 1994, S. 48-66.

Elsner, Monika/Hans Ulrich Gumbrecht/Thomas Müller/Peter M. Spangenberg: »Zur Kulturgeschichte der Medien«. In: Klaus Merten/Siegfried J. Schmitt/Siegfried Wischenberg (Hg.): *Die Wirklichkeit der Medien. Eine Einführung in die Kommunikationswissenschaft.* Opladen 1994, S. 163-187.

Esposito, Elena: »Fiktion und Virtualität«. In: Sybille Krämer (Hg.): *Medien, Computer, Realität. Wirklichkeitsvorstellungen und Neue Medien.* Frankfurt/M. 1998, S. 269-297.

»Female Sunglass Wearer of the Year«. In: *The Croft Times*, 9. 4. 2000: http://www.cubeit.com/ctimes/news/2000/04/news 0586.html, download 9. 9. 2000.

Foucault, Michel: *Was ist Kritik?* Aus dem Französischen von Walter Seitter. Berlin 1992.

Fraisse, Geneviève: *Geschlecht und Moderne. Archäologien der Gleichberechtigung.* Hg. von Eva Horn. Frankfurt/M. 1995.

Emmerling, Frank: »Tomb Raider: Die Chronik«. In: *PlayStation. Das offizielle Playstation-Magazin* 1/2001, S. 79-81.

Freud, Sigmund: »Fetischismus«. In: Ders.: *Gesammelte Werke.* Band X. Frankfurt/M. 1999, S. 310-317.

GameStar 1/99.

GameStar. Sonderheft Spiele-Konsolen. 1/2001.

Haraway, Donna: *Primate Visions: Gender Race and Nature in the World of Modern Science.* New York 1998.

Heise online: http://www.heise.de/bin/tp/forum/get/telepolis/ 5958/5/1.html?outline=-1, download 10. 12. 00.

»Interview with Lara Croft«: In: *The Croft Times*, 5. 6. 1997: http://www.cubeit.com/ctimes/press: download 2. 4. 00.

Kant, Immanuel: »Träume eines Geistersehers, erläutert durch Träume der Metaphysik«. In: Ders.: *Werke in zwölf Bänden.* Hg. von Wilhelm Weischedel, Wiesbaden 1960. Bd. 2, S. 921-989.

Kantorowicz, Ernst H.: *Die zwei Körper des Königs. Eine Studie zur politischen Theologie des Mittelalters.* Aus dem Englischen nach der 2. Auflage aus dem Jahr 1966 von Walter Theimer. München 1994.

Kittler, Friedrich: »Hardware, das unbekannte Wesen«. In: Sybille Krämer (Hg.): *Medien, Computer, Realität. Wirklichkeitsvorstellungen und Neue Medien*. Frankfurt/M. 1998, S. 119-133.

– »Romantik – Psychoanalyse – Film: eine Doppelgängergeschichte«. In: Ders.: *Draculas Vermächtnis. Technische Schriften*. Dresden 1993, S. 81-104.

Krämer, Sybille: »Zentralperspektive, Kalkül, Virtuelle Realität«. In: Gianni Vattimo/Wolfgang Welsch (Hg.): *Medien – Welten Wirklichkeiten*. München 1998, S. 27-38.

Lacan, Jacques: »Das Spiegelstadium als Bildner der Ichfunktion, wie sie uns in der psychoanalytischen Erfahrung erscheint. (Bericht für den 16. Internationalen Kongreß für Psychoanalyse in Zürich am 17. Juli 1949«. (1966) Aus dem Französischen von Peter Stehlin. In: Ders.: *Schriften I*, Frankfurt/M. 1975, S. 61-71.

Langer, Jörg: »Mythos Lara Croft«. In: *Gamestar* 1/99, S. 88-91.

Lara Croft Magazin 1/99.

»Lara in Platin«. In: *The Croft Times*, 20. 2. 2000: http://international.ctimes.net/german/cover139.htm, download 27. 3. 00.

Lara's Homepage: http://www.nant.de/lar...me/thegame/index.shtml, download 11. 5. 1999.

LaraCroftism. Hg. v. Manuela Barth. Kunstraum München e. V. 1999.

Lauretis, Teresa de: *Alice doesn't. Feminism. Semiotics. Cinema*. Bloomington 1984.

– *Die andere Szene. Psychoanalyse und lesbische Sexualität*. Aus dem Englischen von Karin Wördemann. Berlin 1996.

»Letters to Lara«: http://www.laracroft.co.uk/letters/letter1.htm, download 18. 10. 00.

Mainzer, Klaus: *Computernetze und virtuelle Realität. Leben in der Wissensgesellschaft*. Berlin/Heidelberg 1999.

Marx, Karl: *Das Kapital. Kritik der politischen Ökonomie*. Nach der 4., von Friedrich Engels durchgesehenen und herausgegebenen Auflage, Hamburg 1880. Erster Band. Berlin 1971.

McLuhan, Marshall: *Die magischen Kanäle. Understanding Media*. Aus dem Englischen von Meinrad Amann. Basel 1995.

McRobbie, Angela: »Codierung von Weiblichkeit in den 90ern«.

In: Manuela Barth (Hg.): *LaraCroftism.* Kunstraum München e. V. 1999, S. 12-17.

MissKris: *Lara Croft. Feminist Media Critique and Audience Response*, http://www.tombraiders.com/lara_croft/Essays/Miss Kris/default.htm, download 27. 3. 00.

Mulvey, Laura: »Visuelle Lust und narratives Kino«. (1975) Aus dem Englischen von Karola Gramann. In: Liliane Weissberg (Hg.): *Weiblichkeit als Maskerade.* Frankfurt/M. 1994, S. 48-66.

Poole, Steven: *Trigger Happy. Videogames and the Entertainment Revolution.* New York 2000.

»Rightgrrl«: http://www.rightgrrl.com/laracroft.html, download 30. 10. 2000.

Rötzer, Florian: »Lara Croft als britisches Wissenschaftsmaskottchen«: http://ftp.ix.fe/tp/deutsch/inhalt/te/1693/1.html, download 8. 9. 2000.

Sandbothe, Mike: »Transversale Medienwelten. Philosophische Überlegungen zum Interne«. In: Gianni Vattimo/Wolfgang Welsch (Hg.): *Medien – Welten Wirklichkeiten.* München 1998, S. 59-85.

Schelhowe, Heidi: *Das Medium aus der Maschine. Zur Metamorphose des Computers.* Frankfurt/M. 1997.

»Sie kämpft mit Wölfen«. Interview mit Jeremy Smith. In: *Lara Croft Magazin* 1/99.

Stone, Allucquère Rosanne: *Desire and Technology at the Close of the Mechanical Age.* Cambridge, Mass./London 1996.

– »Will the real bodies please stand up? Boundary stories about Virtual Cultures«. In: Jenny Wolmark (Hg.): *Cybersexualities. A Reader on Feminist Theory, Cyborgs and Cyberspace.* Edinburgh 1999, S. 69-99.

»Tomb Raider Next Generation«. Interview mit Adrian Smith: http://gamespot.co.uk/interviews/2000/09/166-asmith2.html, download 20. 10. 00.

Turkle, Sherry: *Leben im Netz. Identität im Zeichen des Internet.* Aus dem Englischen von Thorsten Schmidt. Reinbek b. Hamburg 1998.

Vorsatz, Marc: »Bitte bleiben Sie dran. Cyber-Heldin Lara Croft bringt die Werbung in die PC-Spiele«. In: *Tagesspiegel*, 14.4.99.

Ward, Mike: Being Lara Croft, or, We Are All Sci Fi. Popmatters. Film Critic: http://popmatters.com/features/000114-ward.html, download 2. 4. 2000.

»Wired News: Lara Croft comes to Life«: http://www.wired.com/news/culture/0,1284,20406,00.html, download 1. 5. 2000.

»Womb Raider«. Interview mit Randi Gunzenhäuser. In: Manuela Barth (Hg.): *LaraCroftism.* Kunstraum München e.V. 1999, S. 49-56.

Žižek, Slavoj: *Die Pest der Phantasmen. Die Effizienz des Phantasmatischen in den neuen Medien.* Aus dem Englischen von Leopold Andreas Hofbauer. Wien 1997.

Gender Studies in der edition suhrkamp

Farideh Akashe-Boehme (Hg.). Reflexionen vor dem Spiegel. es 1724. 219 Seiten

Herculine Barbin/Michel Foucault. Über Hermaphrodismus. Herausgegeben von Wolfgang Schäffner und Joseph Vogl. es 1733. 247 Seiten

Seyla Benhabib. Selbst und Kontext. Geschlecht, Gemeinschaft und Postmoderne in der zeitgenössischen Ethik. Vom Unterschied der Geschlechter. es 1725. 300 Seiten

Judith Butler. Das Unbehagen der Geschlechter. Übersetzt von Katharina Menke. Vom Unterschied der Geschlechter. es 1722. 237 Seiten

Judith Butler. Körper von Gewicht. Die diskursiven Grenzen des Geschlechts. Übersetzt von Karin Wördemann. es 1737. 386 Seiten

Caroline Walker Bynum. Fragmentierung und Erlösung. Geschlecht und Körper im Glauben des Mittelalters. Mit zahlreichen Abbildungen. Übersetzt von Brigitte Große. es 1731. 302 Seiten

Drucilla Cornell. Die Versuchung der Pornographie. Übersetzt von Vincent Vogelvelt. Mit einem Vorwort von Barbara Vinken. es 1738. 143 Seiten

Irene Dölling/Beate Krais (Hg.). Ein alltägliches Spiel. Geschlechterkonstruktion in der sozialen Praxis. es 1732. 332 Seiten

NF 312/1/8.00

Nancy Fraser. Widerspenstige Praktiken. Macht, Diskurs, Geschlecht. es 1726. 290 Seiten

Geschlechterverhältnisse und Politik. Herausgegeben vom Institut für Sozialforschung, Frankfurt. Redaktion Katharina Pühl. es 1730. 308 Seiten

Barbara Hahn. Unter falschem Namen. Von der schwierigen Autorschaft der Frauen. es 1723. 147 Seiten

Helga Kotthoff/Susanne Günthner (Hg.). Von fremden Stimmen. Weibliches und männliches Sprechen im Kulturvergleich. Vom Unterschied der Geschlechter. es 1721. 369 Seiten

Teresa de Lauretis. Die andere Szene. Psychoanalyse und lesbische Sexualität. Übersetzt von Karin Wördemann. es 1742. 292 Seiten

Martha C. Nussbaum. Gerechtigkeit oder Das gute Leben. Herausgegeben von Herlinde Pauer-Studer. Übersetzt von Ilse Utz. es 1739. 316 Seiten

Barbara Orland/Elvira Scheich (Hg.). Das Geschlecht der Natur. Feministische Beiträge zur Geschichte und Theorie der Naturwissenschaften. Die Texte aus dem Amerikanischen wurden von Xenia Rajewski übersetzt. es 1727. 290 Seiten

Karin Wieland. Worte und Blut. Wandlungen des männlichen Selbst im Übergang zur Neuzeit. es 1740. 367 Seiten

Theresa Wobbe/Gesa Lindemann (Hg.). Denkachsen. Zur theoretischen und institutionellen Rede vom Geschlecht. es 1729. 327 Seiten

NF 312/2/8.00